Andreas Ritzenhoff
Personzentrierte Trennungs- und Scheidungsberatung

Basiswissen Beratung

Die Reihe Basiswissen Beratung spiegelt den Stand einer modernen, theoretisch begründeten und erfahrungsbasierten Beratungspraxis wider. Die Buchreihe richtet sich an Fachkräfte der Erziehungs- und Familienberatung und angrenzender Arbeitsfelder sowie an Studierende der Human-, Sozial- und Erziehungswissenschaften. Basiswissen Beratung wird durch ein Editorial Board mit namhaften Vertreter/innen der Beratungspraxis, der Psychologie, der Sozialen Arbeit und der Kinder- und Jugendpsychiatrie fachlich begleitet.

Andreas Ritzenhoff

Personzentrierte Trennungs- und Scheidungsberatung

Theorie und Intervention

BELTZ JUVENTA

Der Autor

Andreas Ritzenhoff, Diplom-Psychologe, Psychologischer Psychotherapeut, Gesprächspsychotherapeut (GwG), Mediator (BAFM), Erziehungs- und Familienberater (bke) und tätig in der Psychologischen Beratungsstelle für Eltern, Kinder und Jugendliche der Stadt Oldenburg und in eigener psychotherapeutischer Praxis in Oldenburg.

MIX
Papier | Fördert gute Waldnutzung
FSC® C089473
www.fsc.org

Dieses Buch ist erhältlich als:
ISBN 978-3-7799-6376-9 Print
ISBN 978-3-7799-5682-2 E-Book (PDF)

1. Auflage 2022

in der Verlagsgruppe Beltz · Weinheim Basel
Werderstraße 10, 69469 Weinheim

Herstellung und Satz: Ulrike Poppel
Druck und Bindung: Beltz Grafische Betriebe, Bad Langensalza
Beltz Grafische Betriebe ist ein klimaneutrales Unternehmen (ID 15985-2104-100)
Printed in Germany

Weitere Informationen zu unseren Autor_innen und Titeln finden Sie unter:
www.beltz.de

Inhalt

Einleitung

Die gute Nachricht vorweg: Beratung mit getrennten Eltern kann Spaß machen! Und sie kann für Eltern eine wirkungsvolle Unterstützung sein, erstarrte Konfliktmuster zu verlassen und neue Wege der Elternschaft ohne Partnerschaft zu entwickeln.

Meist gelten konflikthafte Eltern nach Trennung als eher schwierige Klientel in der Beratung. Sie sind nicht immer freiwillig gekommen, manchmal scheinen sie sich in erster Linie über den anderen Elternteil beschweren zu wollen oder sie geraten miteinander in eskalierende Auseinandersetzungen. Als engagierte Beratungskräfte fühlen wir uns dann leicht zu hilflosen Zuschauern degradiert – wenn wir ihnen nicht in gut strukturiertem Rahmen mit einer ebenso wertschätzenden wie auch klaren Haltung begegnen.

In den letzten zwei Jahrzehnten sind vor allem aus der jeweiligen professionellen Praxis heraus viele neue Konzepte entstanden, um dem Phänomen der (Hoch-)Strittigkeit von Eltern nach Trennung möglichst effektiv begegnen zu können. Sie beziehen sich z. B. auf…

- den gesellschaftlich-juristischen Rahmen der Beratung, z. B. das FamFG (Bundesgesetzblatt, 2008), in dem im Rahmen des richterlichen „Hinwirkens auf Einvernehmlichkeit“ Beratung eine wichtige Rolle als Verweisungsoption zugedacht ist
- das Zusammenwirken der beteiligten Fachkräfte und die Balance zwischen Vertrauensschutz und Kooperation
- die strukturellen Rahmenbedingungen der Beratungsarbeit mit strittigen Eltern, zum Beispiel die Klärung der Zuweisungs- und Anmeldeprozedur oder der personellen Ausstattung
- Diagnostik (z. B. Konfliktstufeneinteilungen, Eingangsdiagnostik, Evaluation)
- Intervention, etwa Einzel- und Gruppenangebote für die be-

troffenen Kinder, mediative, lösungsorientierte und andere „konfliktniveauangepasste“ Modelle oder den begleiteten Umgang.

Warum an dieser Stelle ein Buch zur Personzentrierten Trennungs- und Scheidungsberatung? Die personzentrierte Haltung ermöglicht im Rahmen eines humanistisch-systemischen Gesamtverständnisses einen wertschätzenden Zugang zur subjektiven Erfahrungswelt strittiger Eltern, die häufig durch ihre Konflikt- und Trennungsgeschichte tiefgreifend bindungsverunsichert sind. Sie benötigen daher ein Beziehungsangebot, bei dem sie sich in der Beratung so sicher und aufgehoben fühlen, dass sie neues Beziehungsvertrauen entwickeln und differenzierende Erfahrungen mit dem anderen Elternteil zulassen können.

Mir geht in diesem Band einerseits darum, diejenigen Kolleginnen und Kollegen, die in Beratungsstellen beziehungsweise in eigener Mediations- oder Beratungspraxis mit getrennten Eltern arbeiten, mit der personzentrierten Beziehungshaltung in der Trennungsberatung vertraut zu machen. Meine Wahrnehmung ist, dass in der täglichen Praxis ohnehin vielfach Aspekte des personzentrierten Beratungsansatzes praktiziert werden, ohne dass dies bewusst geschieht bzw. explizit benannt wird. Insofern wird an dieser Stelle nicht das Rad (der Trennungsberatung) neu erfunden, sondern Theorie- und Handlungswissen soll in einer Form erfahrbar werden, dass sie möglichst an das eigene implizite und systematisierte Beratungsvorgehen anschlussfähig ist und individuelle Weiterentwicklungsprozesse in der Arbeit unter den Rahmenbedingungen vor Ort anregen kann.

Anderseits möchte ich personzentrierte Beraterinnen und Berater ermutigen, sich im Bereich der Trennungs- und Konfliktberatung mit ihrer Begegnungshaltung selbstbewusst zu professionalisieren. Leider gibt es bislang keine für diesen Bereich adaptierte personzentrierte Theorie oder ausformulierte Interventionsprinzipien; die Rückmeldungen zu ersten Ansätzen in dieser Richtung (vgl. Ritzenhoff, 2018; 2019) waren mit ausschlaggebend für dieses Buch.

Im Kapitel *Theorien und Konzepte* wird zunächst kurz in einige Kernkonzepte der – ursprünglich aus der Arbeit mit einzelnen Personen entwickelten – Theorie des personzentrierten Ansatzes eingeführt. Personzentrierte Kolleginnen und Kollegen mögen diesen Teil überschlagen, falls er ihnen allzu bekannt vorkommt.

Die konzeptionelle Erweiterung des Ansatzes auf Mehrpersonensettings ist die theoretische Basis personzentrierter Trennungsberatung. Über einen kurzen Ausflug zur Personzentrierten Systemtheorie (Kriz, 2004, 2011, 2013) wird die Nähe einiger entscheidender personzentrierter Theorieanteile zu dem in vielen Beratungseinrichtungen heute dominierenden systemischen Paradigma deutlich, z. B. in Bezug auf grundsätzliche Aspekte wie Selbstorganisation, zirkuläre Kausalität, Prozessorientierung. Gleichzeitig wird der innere Bezugsrahmen, aus dem heraus die Elternteile ihre Wahrnehmung konstruieren, als wichtige Perspektive zum Verständnis des Konflikterlebens und -verhaltens herausgestellt.

Hierzu werden Aspekte der psychischen Situation getrennter Eltern beschrieben. Der Schwerpunkt dieses Buches liegt in der Trennungsberatung mit Eltern, dennoch werden die wichtigsten Auswirkungen von elterlicher Trennung auf die beteiligten Kinder ebenfalls dargestellt, da sie für die späteren Überlegungen zu Diagnostik und Intervention relevant sind.

Im Anschluss an die Ausführungen zur psychischen Situation der Familienmitglieder widmen wir uns dem Phänomen elterlicher Konflikthaftigkeit. Hier gibt es die Konfliktstufeneinteilung von Alberstötter (2005, 2006a), die sich in der Praxis bewährt hat zur schnellen Einschätzung über die aktuelle Konflikthaftigkeit der Elternteile.

Während Eltern auf einer niedrigen Konfliktstufe trotz der Streitigkeiten und Zerwürfnisse auf der Paarebene in der Beratung die Bedürfnisse ihrer Kinder im Blick behalten und gemeinsam als Eltern zu guten Verabredungen kommen können, ist dies bei Eltern(-teilen) mit höherer Konflikthaftigkeit nicht mehr ohne weiteres möglich. Beratungsinterventionen werden sich hier jenseits der Unterstützung in Richtung guter Vereinbarungen in deutlich höherem Ausmaß auf das Streitverhalten der Eltern in der Beratung selbst beziehen müssen.

Wir werden den Fragen nachgehen, durch welche Merkmale eine hohe Konflikthaftigkeit gekennzeichnet ist und inwieweit sich aus personzentrierter Perspektive Erklärungsansätze zur Entstehung aktueller Konflikteskalationen ableiten lassen.

Den Übergang von der Theorie in die Praxis markieren die Ausführungen zu einer personzentrierten Konzeption von Trennungs- und Konfliktberatung: Die von Rogers (1957) ursprünglich für die Einzelpsychotherapie formulierten „Bedingungen für Persönlichkeitsveränderung" erfuhren im Laufe der Jahrzehnte Konkretisierungen für die Arbeit mit Paaren (z. B. Auckenthaler, 1983) und Familien (z. B. Gaylin, 2002; O'Leary, 2012, 2014) und werden hier adaptiert auf die Trennungsberatung.

Im Kapitel *Praxis personzentrierter Trennungsberatung: Diagnostik und Intervention* werden zunächst allgemeine Zielsetzungen der Trennungsberatung von Eltern (z. B. Erarbeitung der Möglichkeiten und Grenzen der Kooperation, Wiederaufbau von Vertrauen auf der Elternebene, verbesserte Kommunikation usw.), sowie häufige konkrete Ziele in Bezug auf die Verbesserung der Nachtrennungssituation (z. B. Absprachen bzgl. Umgang und Übergabe, Transport von Informationen) umrissen.

Ausführlich dargestellt werden die Überlegungen zu den diagnostischen Aspekten elterlicher Funktionalität nach Trennung (Weber & Ritzenhoff, 2018), weil diese eine wichtige Grundlage für die Entwicklung einer angemessenen, personzentrierten Beratungshaltung und entsprechender Interventionen sind.

Unter elterlicher Funktionalität verstehen wir einerseits die Fähigkeit, in der Nachtrennungssituation angemessen feinfühlig auf kindliche Bedürfnisse einzugehen – inklusive der kindlichen Bindungsbedürfnisse gegenüber dem anderen Elternteil, der Bedürfnisse nach Struktur und Orientierung. Anderseits geht es auch um die Möglichkeit, alleine und in Gegenwart des/r Ex-Partners/in eigene Emotionen wahrnehmen, versprachlichen und regulieren zu können.

Die diagnostische Frage ist, inwieweit die Eltern aktuell in der Lage sind, ihre Verletzungen aus der Paar- und Trennungszeit so weit zu distanzieren, dass sie gemeinsam an guten Vereinbarungen arbeiten können. Oder ob eine Beratung (zunächst) im Einzelsetting hilfreicher ist, um die Beschäftigung mit eigenen Verletzungen besser begleiten zu können. Vielleicht brauchen Eltern auch eine gleichzeitige Beratung in zwei unterschiedlichen Räumen, bei der grundlegende Absprachen im Sinne einer weitgehenden Parallelisierung von Elternschaft getroffen werden können, ohne dass sie direkt aufeinandertreffen müssen. In einigen Fällen ist Beratung aktuell gar keine angemessene Form der Unterstützung.

Trennungsberatung findet manchmal exklusiv statt, also ohne gleichzeitige Inanspruchnahme anderer psychosozialer oder juristischer Institutionen, z. B. bei dem Anliegen beider Elternteile, sich bezüglich möglicher Auswirkungen einer bevorstehenden Trennung auf die gemeinsamen Kinder und einem konstruktiven elterlichen Umgang mit den kindlichen Gefühlen beraten zu lassen.

Häufiger aber steht die Beratungseinrichtung in einer Reihe mit anderen Hilfeanbietern, wie z. B. dem Familiengericht, Verfahrensbeiständen, Sozialdiensten im Jugendamt oder Anwälten.

Im Rahmen dieses Buches können wir uns nicht allzu ausführlich der Kooperation der hier beteiligten Akteure widmen (vergleiche dafür z. B. Menne & Weber, 2011), jedoch erörtern wir kurz die Frage, wie Beratungseinrichtungen möglichst klar die Chancen, aber auch die Grenzen von Beratung den anderen Institutionen des örtlichen Hilfesystems deutlich machen können.

Für die Beratung selbst gilt es, eine Balance zu finden zwischen professioneller Kooperation und der Verschwiegenheitspflicht gegenüber den Eltern. Wir beschäftigen uns mit der Frage, welche Einflüsse die Rahmenbedingungen, unter denen die Beratung zustande kommt – z. B. gerichtsverwiesen (also im familiengerichtlichen Verfahren als angeordnete oder empfohlene Beratung) oder freiwillig, während oder nach Abschluss eines laufenden gerichtlichen Verfahrens –, auf den Beratungsprozess haben können.

Bei der Erläuterung allgemeiner Beratungsprinzipien für die Arbeit mit Eltern mit unterschiedlicher Konflikthaftigkeit schildere ich zunächst einige grundsätzliche Haltungen, die wir in den Teams der Familienberatung der AWO Oldenburg und der Psychologischen Beratungsstelle der Stadt Oldenburg gemeinsam konzeptionell erarbeitet haben. Es folgt eine Beschreibung verschiedener Beratungssettings und der Ebenen der kommunikativen Intervention, die wir als Beratungskräfte einsetzen. In welchen Situationen ist Einzelberatung angezeigt? Und wann vollziehen wir in der gemeinsamen Beratung den Wechsel zwischen dem Dialog mit einzelnen Elternteilen und der Moderation des Gespräches der Eltern untereinander? Welche Kriterien gibt es, um die Frage nach dem Einbezug der Kinder im Einzelfall differenziert beantworten zu können?

Anhand von Fallkonstellationen werden Grundzüge konstruktiver beraterischer Interventionen zu unterschiedlichen Themen und Beratungssituationen aus personzentrierter Perspektive erläutert, sowie einige Fallen beschrieben, in die wir in der Trennungsberatung geraten können.

Theorien und Konzepte

1 Der personzentrierte Ansatz

Durch dieses Buch wird uns unter anderem Familie W. begleiten. Paul W. (46 Jahre) und Mareike W. (43 Jahre), beide im Lehramt, haben drei Kinder (Annika, 13 Jahre; Nick, 11 Jahre und Simon, 7 Jahre). Sie waren kurz nach der räumlichen Trennung zum ersten Mal in der Beratungsstelle erschienen. Wir werden das Elternpaar und deren turbulente Trennungsgeschichte noch genauer kennenlernen, aber gleich zu Beginn sei verraten, dass es ihnen im Verlauf der Zeit gelang, eine konstruktive, kooperative Elternebene hinzubekommen. Hier ein Ausschnitt aus dem Abschlussgespräch, in dem die Eltern zurückgeschaut und Bilanz gezogen haben:

Herr W.: „Am Anfang war ich – ehrlich gesagt – ziemlich mutlos. Wir haben uns bei fast jedem Thema sofort angefangen zu streiten, ohne dass ich das Gefühl hatte, ich hätte das stoppen können. Ich glaube, damals ging es gar nicht wirklich darum, dass unsere Kinder möglichst gut aus der Situation herauskommen, sondern ich wollte unbedingt die Bestätigung, dass ich ja gar nichts für die Trennung konnte und meine Frau daran schuld ist, weil sie damals den Schlusspunkt gesetzt hat."

Berater: „Am Anfang wollten Sie vor allem darin verstanden werden, wie ohnmächtig Sie sich in der Trennung gefühlt haben, wie ausgeliefert gegenüber den Streits..."

Herr W.: „...ja, genau, und ich brauchte dringend das Gefühl, da versteht mich jemand und ich muss nicht die ganze Zeit kämpfen oder sofort eine gute Lösung parat haben.

Berater (zu Frau W. gewandt): „Sie haben jetzt eine ganze Weile ihrem Mann zugehört... Sie wirken gerade ganz berührt..."

Frau W.: „Ja, ich bin so erleichtert, dass wir jetzt zusammen auf diese schlimme Zeit gucken können [atmet tief aus] und ich mich nicht mehr so schuldig fühle und die ganze Zeit nur verteidige."

Berater: „Es fühlt sich viel leichter an, sich zuhören und austauschen zu können ohne die Angst, dass gleich wieder der Krieg beginnt."
Frau W. (nickt): Bei mir ist jetzt mehr Vertrauen, dass wir das als Eltern doch noch hinkriegen."

In dieser kurzen Sequenz erfahren wir nichts über die konkreten Vereinbarungen oder Schritte, die die Eltern vollzogen haben. Dennoch ist erkennbar, dass Mareike und Paul im Verlauf der Beratung etwas Entscheidendes gelungen ist: Sie haben ihre Haltung zueinander neu entwickeln können, was eng verbunden ist mit einer größeren Akzeptanz der Trennungsgeschichte an sich und entsprechend friedlicheren Gefühlen. In diesem Verlauf haben also emotionale und kognitive Veränderungsprozesse bei Paul wie auch bei Mareike stattgefunden. Gleichzeitig entwickelte sich die Kommunikation der beiden in Richtung einer vermehrten Fähigkeit sich zuzuhören, in kommunikativen Botschaften aufeinander zu beziehen und dabei zunehmend selbst Verantwortung für eigene Meinungen und Stimmungslagen zu übernehmen.

Diese innerpsychischen und interaktionellen Aspekte sind untrennbar in reziproker Rückbezüglichkeit miteinander verbunden. Der personzentrierte Ansatz geht davon aus, dass in der Beratung mit mehreren Personen selbstverständlich deren Kommunikation und das System (z. B. einem Paar- oder Familiensystem) an sich thematisch im Mittelpunkt stehen kann, Adressatinnen und Adressaten aber immer die Personen bleiben, die in diesem System miteinander interagieren (vgl. Schneider, 2006, S. 65).

Carl R. Rogers, der den personzentrierten Ansatz aus den Ergebnissen seiner jahrelangen Forschung über die Merkmale konstruktiv verlaufener einzelpsychotherapeutischer Prozesse entwickelte, stellte von Beginn an in den Mittelpunkt seines Erkenntnisinteresses, welche Aspekte des Beziehungsangebotes des Therapeuten an den Klienten sich für letzteren persönlichkeitsverändernd und heilsam auswirken. Rogers schaute dabei auch auf die Klientinnen und Klienten und stellte fest, dass sie diese therapeutische Art in Beziehung zu treten auch wahrnehmen müssen, damit sie sich weiterentwickeln können.

Das personzentrierte Beratungs- und Therapiekonzept verfügt sowohl über eine Theorie hilfreicher Beziehungen als auch über eine Persönlichkeits- und Störungstheorie, die hier zunächst kurz in ihren Kernaussagen beschrieben werden, damit die konzeptionellen Erweiterungen auf die personzentrierte Arbeit mit mehreren Personen im Allgemeinen und mit getrennten Eltern im Besonderen verständlich werden.

Beziehungstheorie

Rogers (1957) beschrieb sechs Bedingungen, damit sich ein förderlicher therapeutischer Prozess (gilt für den Beratungsprozess entsprechend) entwickeln kann:

1 Zwei Menschen (Therapeut/in bzw. Berater/in und Klient/in) sind miteinander in einem psychologischen Kontakt. Sie nehmen sich gegenseitig „als Menschen“ wahr, reagieren auf einander „resonant“, was sich in einer mindestens minimalen Veränderung im Erfahrungsfeld des anderen niederschlägt. Auf diese Art zueinander in Beziehung zu treten kann, aber muss nicht bewusst sein.

Mareike W. wirkte zunächst sehr aufgeregt und hektisch, als sie zum ersten Beratungsgespräch erschien. Die ruhige Gesprächsatmosphäre bewirkte, dass sie selbst langsamer sprach, tiefer atmete und sich ihre Körperhaltung entspannte. Nach einigen Minuten begann sie über ihr inneres Erleben zu sprechen statt über Fakten.

---

2 Die eine Person ist mit eigenem Erleben bzw. Erfahrungen beschäftigt, welche nicht zu ihrem Selbstbild passen, sie ist inkongruent. Diese mangelnde Übereinstimmung zwischen Selbst und Erfahrung kann als solche bewusst wahrgenommen werden, sich aber auch in Ängstlichkeit oder Verletzlichkeit äußern. Das

Phänomen der „Inkongruenz“ wird weiter unten im Zusammenhang mit der Störungstheorie näher beschreiben.

Nochmal zum Erstgespräch mit Mareike W.: Sie berichtete, wie sehr es sie beschämte, in derartige Konflikte mit ihrem Mann zu geraten. Als Lehrerin leitete sie an ihrer Schule die Streitschlichter-AG und hatte sich immer als friedliebend und ausgleichend wahrgenommen.

---

3 Die andere, therapeutische Person ist in der Beziehung zum/zur Klienten/Klientin möglichst „sie selbst“, also echt, kongruent im Sinne von erfahrungsoffen. Es ist nicht notwendig (oder möglich!), dass wir als Beraterinnen oder Berater alle eigenen Themen für uns vollständig erledigt haben müssen. Die Kongruenz bezieht sich nur auf den Moment der Begegnung mit der Klientin bzw. dem Klienten. Dies schließt mit ein, dass es auch innere Erfahrungen geben kann, die für den Prozess der Klientin oder des Klienten nicht förderlich sind.

Eine Beraterwahrnehmung z. B.: „Ich merke, dass mich Frau W. gerade nervt, weil sie einfach nicht zum Punkt kommt. Ich werde ganz ungeduldig und kann ihr gar nicht mehr zuhören“.

Hier ist es entscheidend, dass wir unsere Wahrnehmungen nicht ausblenden, um weiter damit umgehen zu können – zum Beispiel in Bezug auf die Frage, ob ich die Ungeduld erlebe, weil sie mich an eigene biografische Erfahrungen erinnert oder tatsächlich eine Resonanz ist auf die momentane Art der Klientin sich auszudrücken. Ob und in welcher Form wir diese Resonanz der Klientin gegenüber mitteilen können, wird in der einzelnen Situation davon abhängen, inwieweit das auf eine wertschätzende Art geschehen kann beziehungsweise ob die Klientin es wohl aktuell annehmen würde und ob es entwicklungsunterstützend ist.

4 Der Therapeut oder die Therapeutin ist dem Klienten bzw. der Klientin gegenüber unbedingt zugewandt, kann also die Erfahrungen des Klienten oder der Klientin unterschiedslos wertschätzen, unabhängig davon, ob es sich z. B. um „angenehme“ oder „unangenehme“ Erfahrungen handelt, weil sie zur inneren Welt der Klientin oder des Klienten gehören.

Diese Haltung unterscheidet sich von einer an Bedingungen gebundenen Wertschätzung, bei der etwa einzelne Erfahrungen oder Eigenschaften positiv und andere negativ bewertet würden.

Wenn ich es schaffe, mich als Berater auf die innere Erfahrungswelt von Mareike W. einzulassen, werde ich z. B. ihre Beschämung resonant nachempfinden können, ohne aus einem diagnostischen oder persönlichen Bezugssystem heraus denken zu müssen: „Jetzt ist sie aber hochsensibel, vielleicht sollte sie mehr zu ihren Handlungen stehen.“

Wenn Menschen bedingungslose Wertschätzung erfahren, werden sie frei, sich intensiver mit den eigenen Gedanken und Gefühlen (auch den unangenehmen, beschämenden usw.) zu beschäftigen, statt damit, wie sie sein sollten, z. B. um mir als Berater zu gefallen oder meinen Werthaltungen zu entsprechen.

Diese Bedingung meint übrigens nicht, dass wir als Beraterinnen oder Berater jedes konkrete *Verhalten* unserer Klienten und Klientinnen gutheißen sollen. Gerade in der Trennungsberatung kommt es darauf an, Eltern mit ihrem Streitverhalten zu konfrontieren, dies aber zu tun in einer Haltung der unbedingten Wertschätzung gegenüber den Elternteilen als Personen mit den entsprechenden inneren Erfahrungen.

5 Der Therapeut oder die Therapeutin fühlt sich empathisch in den inneren Bezugsrahmen der Klientin oder des Klienten ein und wird dadurch die Gefühle des Gegenübers so erfahren, *als ob* es die eigenen wären. Er oder Sie ist quasi ein Reisegefährte auf dem Weg, den der Klient durch seine innere Erfahrungswelt beschreitet und versucht, möglichst präzise mitzuteilen, was er oder sie in diesem Prozess der Einfühlung erlebt und vom Klienten verstanden hat.

Paul W. rutscht im Erstgespräch auf seinem Stuhl hin- und her, knetet seine Handflächen. Mehrmals beginnt er einen Satz, den er nicht beendet, schaut zu Boden.
Berater: „Sie sind sich nicht sicher, wie Sie es beschreiben sollen… (Herr W. nickt) …und gerade ziemlich aufgeregt, hier zu sein…(?)"

Wichtig ist hierbei, dass ich als Beraterin oder Berater nach Möglichkeit nie das Bewusstsein dafür verliere, dass es sich um die Erfahrungen des Klienten handelt und dies abgrenzen kann von meinen eigenen, persönlichen Resonanzen *auf* den Klienten.

6 Der Klient oder die Klientin kann mindestens in Ansätzen die unbedingt wertschätzende, empathisch-verstehende Haltung des Therapeuten bzw. der Therapeutin wahrnehmen. Auch das förderlichste Beziehungsangebot kann nur dann seine Wirkung entfalten, wenn es beim Gegenüber auch ankommt.

Gerade in der Trennungsberatung gehört es zu den größten Herausforderungen, Wertschätzung gegenüber den Elternteilen und das Bemühen um entwicklungsunterstützenden Beziehungsraum so zu transportieren, dass dieser als solcher wahrgenommen und angenommen werden kann.

Wenn diese sechs Bedingungen erfüllt sind, kommen unter anderem folgende Entwicklungsprozesse in Gang (Rogers, 1959):

- Klientinnen und Klienten können Gefühle zunehmend besser wahrnehmen und freier ausdrücken.
- Die bedingungslose positive Beachtung der Therapeutin oder des Beraters kann immer besser angenommen werden und führt auf Dauer zu einer zunehmenden Selbstachtung (z. B.: „Ich mag es, ‚ich' zu sein, mich zu spüren, auch wenn mir gerade etwas missglückt ist"). Erfahrungen, die mit dem Selbstkonzept unvereinbar sind, müssen nicht mehr so sehr abgewehrt werden.
- Innere Erfahrungen, auch diejenigen, die sich unangenehm anfühlen, können also vermehrt als *eigenes* Erfahren akzep-

tiert, sowie besser von Außenwelterfahrungen unterschieden werden.

- Diese eigenen Erfahrungen können exakter symbolisiert (z. B. verbal benannt) und ins Selbstkonzept aufgenommen werden, z. B.: „Es fühlt sich gerade traurig an, und das ist auch ein Teil von mir“.
- Auf Dauer reorganisiert sich das Selbstkonzept in dem Sinne, dass auch die Erfahrungen, die vorher zu bedrohlich waren, nun Eingang ins Selbstkonzept erhalten. Der Klient oder die Klientin erfährt eine höhere Übereinstimmung (Kongruenz) zwischen Selbstkonzept und organismischer Erfahrung.

Humanistisches Menschenbild

Rogers postulierte die überragende Bedeutung der Beziehung jedoch nicht nur für die Therapie- oder Beratungssituation, sondern auch für die Entwicklung der Person an sich. Als einer der wichtigsten Vertreter der humanistischen Psychologie teilte er auch deren weitere Annahmen zum grundsätzlichen Wesen des Menschen.

Der Konzeption eines personzentrierten Erklärungsmodells zur Konfliktentstehung, sowie der personzentrierten Trennungsberatung an sich, liegt ebenfalls das humanistische Menschenbild zugrunde, weshalb es an dieser Stelle kurz erläutert werden soll. Wichtige Aspekte dieser Perspektive auf den Menschen sind:

Die Bedürfnis- und Werteorientierung: Hier werden zwei grundsätzliche Ausrichtungen des Menschen unterschieden. Maslow (1981) bezeichnete die grundlegenden Bedürfnisse des Menschen als Defizitbedürfnisse – die, wenn sie dauerhaft nicht erfüllt sind, unter anderem zu psychischen Störungen führen können. Er unterschied

- physiologische Bedürfnisse (biologische Selbst- und Arterhaltung),
- Sicherheitsbedürfnisse (Schutz vor gewaltsamer Einwirkung, Krankheit, Schmerz, ferner Struktur, haltgebende Ordnung etc.)

- soziale Bedürfnisse (nach Liebe, Zugehörigkeit zu einem sozialen Verbund etc.)
- Bedürfnisse nach „Achtung und Geltung“, auch als „Individual“- oder „Status-Bedürfnisse“ bezeichnet: Streben nach Autonomie, sowie nach Können, Stärke und Leistung (vgl. z. B. Eberwein, 2009, S. 25f.)

Bei den Defizitbedürfnissen strebt der Mensch nach organismischer Homöostase. Aktuell „oben aufliegende“ Mangelzustände drängen ins Wahrnehmungsfeld (physiologisch z. B. als Hunger oder Durst; sozial z. B. als Einsamkeit usw.) und treten zurück, wenn sie ausreichend befriedigt bzw. beantwortet sind.

Als Wachstumsbedürfnisse bezeichnete Maslow diejenigen Tendenzen, die auf Weiterentwicklung der Persönlichkeit, der *Entfaltung der individuellen Potenziale* und der eigenen Kreativität ausgerichtet sind. Diese sind im Prinzip unerschöpflich und geben Menschen Sinnerleben, eingebettet in ein grundlegendes (ethisches) Werteempfinden.

Mit der Bedürfnispyramide weist Maslow darauf hin, dass es in der Interaktion mit der Außenwelt die grundlegend missglückenden Versuche der Befriedigung von Bedürfnissen sind, die zu psychischem Leiden und destruktivem Sozialverhalten führen – letzteres nach humanistisch-psychologischem Verständnis also nicht auf einer angeborenen zerstörerischen Triebhaftigkeit beruht.

In der personzentrierten Trennungsberatung ist die Differenzierung zwischen dem (Konflikt-)Verhalten als Symptom einerseits und anderseits dem dahinterliegenden chronischen und akuten Mangel an Befriedigung von Bedürfnissen nach Sicherheit, liebevoller sozialer Zuwendung, Anerkennung usw. ein wichtiger Zugang zu einem wertschätzenden Verständnis der inneren Situation aller Familienmitglieder.

Die Beziehungsorientierung: Die Konzeption des Menschen als vom Wesen her frei, autonom und nach der Verwirklichung der eigenen Potenziale strebend, beschreibt jedoch nur die eine Seite menschlichen Strebens – sie befindet sich idealerweise in Balance mit seiner grundsätzlich sozialen Orientierung: Der

Mensch ist auf Begegnung als wechselseitigen Katalysator für Wachstum unbedingt angewiesen, erst am „Du“ wird der Mensch zum „Ich“ (Buber, 1986, S. 7ff.). Von Beginn an sind Säuglinge auf ihre frühen Bindungspersonen bezogen und erfahren durch die resonante Feinabstimmung zwischen kindlichen Signalen und elterlicher Antwort, wie willkommen sie sind, wie liebevoll, sicher und verlässlich die (soziale) Welt für sie ist. Erst die annehmende Spiegelung durch die vertrauten Bezugspersonen ermöglicht mentale Repräsentationen der kindlichen Emotionen und Bedürfnisse, die sich später mit der Aneignung von Symbolsystemen (in erster Linie der Sprache) zu einer ständig erweiterungs- und wandlungsfähigen Konzeption des Selbst strukturieren.

Die ganzheitliche Sichtweise: Körperliche, kognitive, emotionale (inklusive motivationaler, wahrnehmungsbezogener) Prozesse vollziehen sich fein aufeinander abgestimmt, und sie tun dies selbstreguliert, gemäß individueller organismischer Charakteristika und biografischer Erfahrung. Die Komplexität menschlichen Verhaltens ist weder durch die aufsummierende Betrachtung verschiedener Einzelfunktionen noch durch Reiz-Reaktions-Schemata befriedigend erklärbar. Diese holistische Sichtweise nimmt vielmehr verschiedene, in spezifischer Weise aufeinander bezogene Subsysteme an mit einer jeweils eigenen Dynamik in der zirkulären Rückkopplung ihrer Elemente (Eberwein, 2009, S. 14).

Die Neuroforschung untermauert eindrucksvoll das von der humanistischen Psychotherapie postulierte „Primat der Gefühle“: Emotionale Erfahrungen sind für Entscheidungsprozesse grundlegend (z. B. bei der Auswahl zwischen verschiedenen Handlungsalternativen, vgl. Theorie der somatischen Marker, Damasio, 1997); spätere kognitive Erklärungen dagegen nur Post-hoc-Rationalisierungen. Rogers bezeichnete dies als „organismischen Bewertungsprozess“ – Erfahrungen, die als den Organismus erhaltend oder fördernd wahrgenommen werden, werden positiv bewertet, solche die die Erhaltung oder Förderung stören als negativ (Rogers, 1959, S. 48).

Vor diesem Hintergrund wird deutlich, dass in der Beratung

tiefgreifende Änderungen von Selbst- oder Beziehungskonzeptanteilen bei getrennten Eltern nur über den Einbezug emotionaler Erfahrungen möglich sind. Psychoedukation, „Appelle an die Einsicht“ oder das Bemühen um ausschließlich kognitive Umstrukturierung allein können die grundsätzliche Haltung der Eltern zueinander nicht nachhaltig verändern.

Entwicklungstheorie und Störungsverständnis

Der oben erwähnte organismische Bewertungsprozess von Erfahrungen als förderlich bzw. hinderlich für die Erhaltung oder Entfaltung des Organismus fußt auf der sogenannten *Aktualisierungstendenz*, jenem umfassenden Sinn- und Entwicklungsprinzip, welches allem menschlichen Streben nach Bedürfnisbefriedigung und Selbsterhaltung, aber auch nach Differenzierung und Erweiterung des Organismus und seiner Möglichkeiten zugrunde liegt. Diese bewirkt zum Beispiel, dass Kleinkinder mühsam Gehen lernen, obwohl sie durch Krabbeln zunächst viel einfacher ans Ziel kämen, Erwachsene bringen jenseits funktionaler oder finanzieller Erwägungen kreative Kunstwerke hervor.

Der Säugling entwickelt mit der Zeit über die ersten mentalen Repräsentationen eines Teiles seiner Erfahrungen ein Bewusstsein für das eigene Sein und Handeln. Durch viele verlässlich gleichartige Interaktionssequenzen, vor allem mit der sozialen Umwelt, differenziert sich mit der Zeit ein Selbstkonzept (meist synonym benutzt: Selbst, Selbstbild) heraus.

Das Selbstkonzept als der bewusstseinsfähige Teil des Organismus wird fortan über die *Selbstaktualisierungstendenz* (eines Teiles der Aktualisierungstendenz) neue Erfahrungen als förderlich bzw. hinderlich für die Entwicklung des Selbst differenzieren. Diese Erfahrungen bezeichnete Rogers als *Selbsterfahrungen*. Förderliche Erfahrungen werden aufgesucht und negative, bedrohliche vermieden oder abgewehrt.

Mit der Gewahrwerdung des Selbst tritt ein bei Menschen allgegenwärtiges Bedürfnis zutage, dessen Befriedigung für die Entwicklung des Selbst zentral ist: das Bedürfnis nach positiver Beachtung durch die wichtigen frühen Bezugspersonen. Ob das

Abb. 1: Personzentrierte Theoriebegriffe

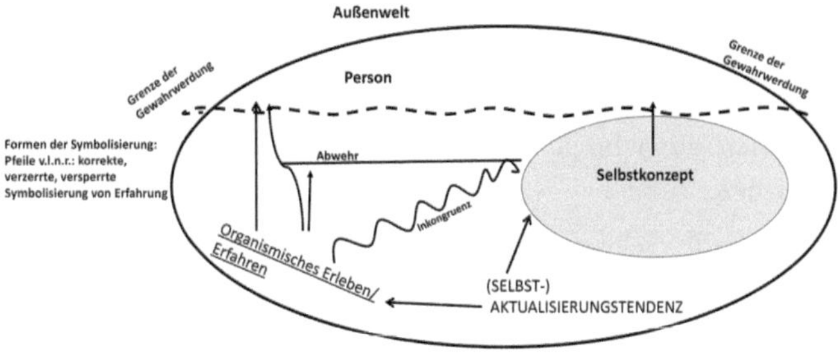

Kind positive Beachtung erfährt, bewertet es anhand der Beobachtung der Reaktion der Bezugsperson und der entsprechenden eigenen organismischen Resonanz. Wenn es schon sprechen könnte, würde es vielleicht sagen: „Lächelt Mama? Ist ihre Stimme sanft und angenehm? Es fühlt sich wohlig an!"

Im günstigen (theoretischen) Fall fühlt das Kind sich immer geliebt und angenommen, unabhängig davon, welche inneren Erfahrungen es aktuell macht, ob es also z. B. traurig ist oder wütend oder ängstlich. Das Kind kann dann diese Erfahrung als zu sich selbst gehörend wahrnehmen und annehmen. Dementsprechend wird diese Erfahrung unverzerrt in das Selbstkonzept aufgenommen. Das Kind ist „mit sich im Reinen", organismische Erfahrungen und das Selbstkonzept sind befinden sich in Übereinstimmung, in *Kongruenz.*

Wenn das Kind sich die entsprechende Situation vergegenwärtigt, könnte es z. B. zu dem Schluss kommen (natürlich ohne es schon so ausdrücken zu können): „Als Mama wegging, habe ich mich allein gefühlt, wurde traurig und habe geweint. Meine Gefühle sind in Ordnung. Ich war froh, als sie wiederkam und mich getröstet hat." Die positive Beachtung der Bezugsperson führt also auch zu einer positiven Selbstbeachtung, die entsteht, wenn entsprechende Selbsterfahrungen verknüpft werden mit der Befriedigung des Bedürfnisses nach positiver Beachtung.

Normalerweise erlebt ein Kind jedoch, dass nicht alle Erfahrungen gleichermaßen der positiven Beachtung wert sind, sondern es erfährt, dass einige Erfahrungsbereiche (z. B. Wut) missbilligt oder ignoriert werden. In dem Bedürfnis nach positiver Beachtung wird sich das Kind dann nicht nur an den eigenen organismischen Wahrnehmungs- und Bewertungsprozessen, sondern vor allem an den Reaktionen der wichtigsten Bezugspersonen ausrichten. Entsprechend verändert sich auch die Selbstbeachtung:

Bereiche organismischer Erfahrung, die sich in Übereinstimmung mit der Bewertung von außen befinden, werden wahrgenommen und korrekt symbolisiert ins Selbstkonzept aufgenommen, während die nicht von außen wertgeschätzten Erfahrungen selektiv wahrgenommen und entsprechend der Bewertungsbedingungen verzerrt (so als würden sie den Bewertungsbedingungen entsprechen) oder gar nicht als Selbsterfahrungen symbolisiert werden.

Wenn beispielsweise ein Kind mit einem Elternteil aufwächst, der sehr liebevoll sein kann, wenn es sich anhänglich und freundlich verhält, jedoch zornige und traurige Signale des Kindes nicht gut aushält, wird sich das Kind in Übereinstimmung mit dem organismischen Bedürfnis nach positiver Beachtung vor allem der eigenen liebevollen und bedürftigen Erfahrungen bewusst, während es beispielsweise Zorn auf den Elternteil gar nicht und die eigene Traurigkeit als Bedürftigkeit verzerrt symbolisieren könnte. Trauer und Zorn an sich wären dann nicht (mehr) wahrnehmbar, möglicherweise aber ein diffuses Erleben von Unwohlsein oder Angespanntheit.

So richtet sich die Wahrnehmung des Kindes selektiv immer mehr nach den Erfahrungen aus, die den Wertungsbedingungen entsprechen und so ins Selbstkonzept eingearbeitet werden, während die abweichenden Erfahrungen unterschwellig als bedrohlich für den Erhalt des Selbstkonzeptes wahrgenommen und abgewehrt, also an der korrekten Symbolisierung gehindert werden (vgl. z. B. Panagiotopoulos, 1993, S. 46f.). Die Organisation dieses Abwehrprozesses zum Schutz des Selbstbildes erfolgt durch die sogenannte *Selbstbehauptungstendenz*, die ebenfalls als Teil der Aktualisierungstendenz verstanden wird.

Der Zustand der Unvereinbarkeit zwischen organismischer Erfahrung und dem (durch Wertungsbedingungen geprägte)

Selbstkonzept wird im personzentrierten Ansatz *Inkongruenz* genannt. Der Inkongruenzbegriff ist zentral für das personzentrierte Verständnis der Entwicklung von Symptomen und Störungen (vgl. z. B. Rogers, 1959; Differentielles Inkongruenzmodell, Speierer, 1994, 1995; Überlegungen zur Inkongruenzkonstellation, z. B. Finke, 1994; Biermann-Ratjen, 2006), je nach Zeitpunkt der autobiografischen Genese, Art und Ausmaß der Bedrohung sowie der Abwehr äußert sich die Inkongruenz unterschiedlich bewusstseinsnah – als Erleben von „Unvereinbarkeit“, Anspannung, Angst, „Brüchigkeit im Erleben“ oder in körperlicher oder psychischer Symptomatik.

2 Die personzentrierte Mehrpersonenperspektive

Rogers selbst machte sich Gedanken über die Auswirkungen von Kongruenz bzw. Inkongruenz auf die Kommunikation. Je größer die Übereinstimmung zwischen organismischer Erfahrung, dem aktuellen Bewusstsein dieser Erfahrung und dem kommunikativen Ausdruck ist, desto klarer und eindeutiger kann die Botschaft sowohl formuliert als auch verstanden werden. Eindeutige Kommunikation führt tendenziell zu mehr Kongruenz auch beim anderen Kommunikationspartner und insgesamt besserem gegenseitigem Verstehen und höherer Befriedigung in der Kommunikation, während inkongruente Kommunikation verwirrend wirkt und gegenseitiges Verstehen massiv behindert.

Rogers postulierte, dass es sich hierbei um Prozesse handelt, die dazu neigen, sich gegenseitig zu verstärken. Inkongruente Kommunikationsabläufe wirken zunehmend frustrierend, deren Dynamik aber unterbrochen werden kann, wenn ein Partner resonant (also in wertschätzender Beachtung) bleibt für die unterschwelligen Wahrnehmungen sowohl bezüglich der eigenen wie auch die der anderen Seite – sei es aus eigener „Nicht-Verletzlichkeit“ oder mit therapeutischer Unterstützung (vgl. Rogers,1959, S. 64; Keil, o.J.; S. 5).

Etliche Veröffentlichungen haben sich in der Folge der Adaptation zentraler personzentrierter Konzepte und deren Anwendung für die Arbeit mit mehreren Personen gewidmet (siehe zum Beispiel Gordon, 1972; Auckenthaler, 1983, Linster, 2000; Gaylin, 2002; O'Leary, 2012, 2014).

Mit der Verbindung von personzentrierten und systemischen Perspektiven schafft die Personzentrierte Systemtheorie (Kriz, vgl. z. B. 2004, 2011, 2013) einen theoretischen Rahmen für die Beschreibung und Erklärung der Phänomene in Mehrpersonensettings.

Kriz bezieht sich auf die ursprünglich zur Erklärung naturwissenschaftlicher Phänomene entwickelte Synergetik (Haken, 1991), nach der sich durch äußere Einwirkung Systeme selbstorganisiert in „Phasenübergängen" je nach Ausmaß der Instabilität der bestehenden Ordnung qualitativ verändern und in eine neue Ordnung übergehen können.

Im Unterschied zu mechanistisch-kausalen Modellen, wo ein bestimmter Energieeinsatz vorhersagbar einen bestimmten Effekt erzeugt, kann es sein, dass in einem bestimmten Ordnungszustand des Systems ein hoher äußerer Kraftaufwand kaum Veränderung hervorbringt, während bereits minimale Einflüsse zu einem neuen (systeminhärenten) dynamischen Ordnungszustand führen können, je nachdem, wie ausgeprägt die Instabilität des Systems aktuell ist.

Dies ist ein Phänomen, das wir aus der Beratung mit getrennten Eltern gut kennen: Manchmal scheint sich über Sitzungen hinweg trotz engagierter Begleitung keine Entwicklung abzuzeichnen und plötzlich gibt es so etwas wie ein Durchbruch im Verständnis der Eltern zueinander oder im Prozess des Aushandelns von konkreten Vereinbarungen – obwohl wir als Berater und Beraterin gar nichts „Besonderes" getan haben.

Die Aktualisierungstendenz als Sinn- und Entwicklungsprinzip im personzentrierten Ansatz steht in Übereinstimmung mit den Prinzipien moderner interdisziplinärer Systemtheorie (vgl. Kriz, 2013), die Prozesse beschreibt, in denen einzelne Phänomene (z. B. Töne) sich selbstreguliert zu einem Muster, einer Ordnung formen, also z. B. in der Wahrnehmung des Zuhörers eine Melodie ergeben. Diese Tendenz, dass rückgekoppelte Prozesse Ordnungen hervorbringen, wird in der Systemtheorie als

„Attraktor" bezeichnet. Ein in diesem Zusammenhäng wichtiges Phänomen ist die sogenannte *Komplettierungsdynamik*: In attrahierenden Prozessen werden die noch nicht geordneten Elemente so eingeordnet, dass die schon bestehende Ordnung komplettiert wird.

Diese Ordnungsdynamiken führen zu einer beachtlichen Komplexitätsreduktion von Wirklichkeit, die im menschlichen Bereich über die Bildung von Selbst- und Beziehungskonzepten eine schnelle Einordnung der Situation und Reaktionen ermöglicht, in Paarkonflikten allerdings auch zu den bekannten Kommunikationsschwierigkeiten führt: Partner A fängt an zu sprechen, Partner B fällt ins Wort, weil er glaubt „sowieso schon zu wissen, was der andere gleich sagen wird" (vgl. Kriz, 2013, S. 106).

Die allgemein menschliche Tendenz zur Herausbildung von Ordnungen (Attraktoren, Konzepten) ist also Segen und Fluch zugleich: Die Reduktion der komplexen Wirklichkeit durch die Wahrnehmung einzelner Bestandteile und ihrer Einordnung zu schon Bekanntem kann zeitraubende, zermürbende Prozesse der Beziehungsklärung bzw. Realitätsorientierung abkürzen. Wie anstrengend wäre es, jeden Tag die Beziehung und die Regeln des Zusammenlebens in Partnerschaft, mit den Kindern, im Job usw. immer wieder neu zu klären!

Die Tendenz, dass bevorzugt Bekanntes in eine Situationsbewertung einfließt, bewirkt anderseits eine Überstabilität der gebildeten Muster. Analog zu Rogers Feststellung, dass neue, selbstkonzeptinkongruente Erfahrungen bevorzugt abgewehrt werden (v.a. wenn das Selbstkonzept wenig flexibel ist), bewirkt die Überstabilität des Attraktors, dass die in der Vergangenheit für Konflikte in der Partnerschaft gefundenen „Lösungen" (so etwa Verstummen oder Rückzug) auch noch dann angewendet werden, wenn die partnerschaftliche Situation sich verändert hat, also z. B. nach der Trennung vor allem Elternthemen im Vordergrund stehen, statt die Schwierigkeiten in der Sexualität (a.a.O., S. 107).

Häufig finden wir in der Trennungsgeschichte von Paaren, dass trotz vieler abweichender Prozesse *vor* der Trennung der

Sinnattraktor „wir gehören zusammen" oder „wir sind uns ähnlich" handlungsleitend war und z. B. eine Versöhnung ohne Klärung oder die Konfliktvermeidung bewirkte. Die Trennung markierte dann einen Phasenübergang in einen neuen Ordnungszustand, der dann beispielsweise über Hinweise für die Unterschiedlichkeit bzw. die Bösartigkeit des/r Anderen bevorzugt komplettiert wird und seinerseits dazu neigt, sich selbst zu verstärken.

In der Trennungsberatung treffen wir dann auf Eltern, bei denen sich über viele gleichartige kommunikative Rückkopplungen zwar dysfunktionale aber hochstabile Ordnungen herausgebildet haben, so dass abweichende Teildynamiken (z. B. ein freundlicher Blick des/r Ex, eine sachliche Frage etc.) zunächst keine Veränderungen des Ordnungszustandes hervorbringen.

In der Personzentrierten Systemtheorie weist Kriz (2011, 2013) auf das Zusammenspiel vier verschiedener Prozessebenen hin und schafft damit die Grundlage für die Integration verschiedener psychotherapeutischer Beschreibungsperspektiven: die innerpsychische Ebene, die interaktionelle Ebene, die körperliche Ebene und die gesellschaftlich-kulturelle Ebene:

- *Die intrapsychische Ebene*: Prozesse der Wahrnehmung, der Wahrnehmungsverarbeitung und des Verhaltens; Prozesse des Speicherns und Erinnerns von Erfahrungen; Prozesse des Bewusstwerdens von Bedürfnissen, Gefühlen, Kognitionen, Intentionen usw. – Vertreterinnen und Vertreter einzeltherapeutischer Ansätze richten ihre Aufmerksamkeit klassischerweise vor allem auf diese Prozessebene.
- *Die interaktionelle Ebene* bezieht sich auf Kommunikations- und Verhaltensprozesse, die zwischen zwei oder mehreren Menschen stattfinden – dies ist die klassische Perspektive systemischer Ansätze.
- *Die körperliche Ebene* steht im Fokus vor allem bei Medizinern, Neuroforschern, Körper(-psycho-)therapeuten.
- *Die gesellschaftlich-kulturelle Ebene* stellt den Verständnishintergrund für viele Prozesse auf den andern Ebenen be-

reit, bestimmte Verhaltensweisen und Handlungsziele werden durch den Einbezug dieser Ebene nachvollziehbarer. Wenn wir zum Beispiel als Beraterinnen oder Berater immer wieder erleben, dass sich aus totalitären Regimen geflüchtete Familien schwertun, Vertrauen in den unterstützenden Charakter unseres Beratungsangebotes zu entwickeln, wird das elterliche Verhalten einleuchtender, wenn wir es als eine ursprünglich überlebenssichernde, gesellschaftlich-kulturelle Antwort auf staatliche Bedrohung wahrnehmen können und nicht vorschnell intrapsychisch interpretieren.

Für die personzentrierte Trennungsberatung brauchen wir also eine konzeptionelle Erweiterung personzentrierter Theoriebegriffe, mittels derer sich in Übereinstimmung mit den beschriebenen systemtheoretischen Annahmen das Interaktionsgeschehen von (getrennten) Paaren adäquater beschreiben und erklären lässt. Einen Ansatz hierzu bietet das Familiäre Rückkopplungsmodell von Ziebertz (2008, 2018), welches die unterschiedlichen Systemebenen unterscheidet, die sich zueinander in zirkulärer Rückkopplung befinden, wobei die Beeinflussung von außen nach innen stärker ist als umgekehrt:

- ganz außen das „Globe“, also die Gesellschaft, Kultur, das politische System,
- in der nächstinneren Schicht dann das soziale Umfeld der Familie und
- innen schließlich die Kernfamilie selbst mit den erwachsenen und heranwachsenden Individuen.

Als Teil der Entwicklung des Selbstkonzeptes bildet das einzelne Familienmitglied verschiedene Beziehungskonzepte heraus:

So bezeichnet etwa das *Familienkonzept* eine aus der biografischen Erfahrung geronnene, bewusstseinsfähige übergeordnete Struktur von Werten, Regeln, Beziehungen, Abläufen innerhalb des Verbundes „Familie“, welches die jeweilige Rolle ausgestaltet und handlungsleitend ist. Entsprechend der Entwicklung des Selbstkonzeptes wird das Familienkonzept zunächst maßgeblich von der Atmosphäre, den Werthaltungen und Abläufen in der Herkunftsfamilie bestimmt, die in der Familie übereinstimmenden Normen, Werte, Glaubenssätze werden als das *gemeinsame Familienkonzept* bezeichnet (vgl. Ziebertz, 2008).

Daneben werden im Heranwachsenden (je nach Erfahrungsoffenheit und Flexibilität des Konzeptes) auch andere Erfahrungen (z. B. aus den Familien von Freundinnen oder Freunden, später dem eigenen Partner/der Partnerin) integriert. Neben der übereinstimmend erlebten „Familienatmosphäre" entwickelt sich also ein Teil des Beziehungskonzeptes, der nicht mit den anderen Familienmitgliedern geteilt wird, das *individuelle Familienkonzept*. Analog gilt dies auch für zwei andere, für das Thema dieses Buches wichtige Beziehungskonzepte, dem Paarkonzept und dem Elternkonzept.

- Das *Paarkonzept* lässt sich definieren als (individuelle bzw. gemeinsame) bewusstseinsfähige Struktur von Werten, Regeln, Idealen und interaktiven Abläufen, geronnen aus symbolisierter Erfahrung früherer eigener Paarbeziehungen, der Wahrnehmung der Paarbeziehung der eigenen Eltern, sowie der soziokulturellen Einbettung.
- Das *Elternkonzept* beinhaltet das (individuelle und gemeinsame) Ensemble von Werten, Haltungen, Idealen und interaktiven Abläufen, die sich auf Erziehung, Elternrolle etc. beziehen.

Wenn sich zwei Personen begegnen, eine Partnerschaft eingehen, Eltern werden, treffen damit auch die individuellen Beziehungskonzepte aufeinander und bilden eine Art Schnittmenge, das *gemeinsame* Paar- und Elternkonzept. Daneben gibt es aber auch Werte und Haltungen, die nicht vom Partner bzw. der Partnerin geteilt werden, dies sind die *individuellen* Konzeptanteile. Alle Beziehungskonzepte sind nicht als rein kognitiv-sachliche Strukturen zu verstehen. Die Aktualisierung eines Konzeptanteils ist mit einer entsprechenden emotionalen Beteiligung verbunden und erhält dadurch auch eine unterschiedliche

Wichtigkeit bzw. Grundsätzlichkeit, mit der er vertreten wird, wie das folgende Beispiel zeigt:

Melanie, 31, gebürtige Ostfriesin und Ozan, 32, aus Osnabrück, beide in der Gastronomie als Köchin bzw. Koch tätig, lernten sich auf einer Schulung kennen und verliebten sich auf der Stelle ineinander. Beide waren romantisch veranlagt, liebten Candle-light-Dinner, blieben tagelang im Bett und gingen fürsorglich und hilfsbereit miteinander um. Letzteres hatten beide bereits in ihren Herkunftsfamilien kennengelernt. Ozan, türkischstämmig, hatte explizit von seinem Vater vermittelt bekommen, dass er als Mann für das Wohlergehen seiner Frau verantwortlich sei und Melanie konnte sich noch gut daran erinnern, wie ihre Mutter den Vater bekochte und ihm, wenn er angestrengt von der Arbeit kam, jeden Wunsch von den Augen ablas. In den ersten Jahren ihrer Beziehung lebten Melanie und Ozan einträchtig und recht glücklich miteinander. Die Wahrnehmung gemeinsamer Paarkonzeptanteile überwog bei Weitem, so dass Melanie gut damit leben konnte, dass Ozan gewöhnlich den Sonntag im Kreise seiner Herkunftsfamilie verbrachte, während Melanie den Kontakt zu ihren Eltern auf das Nötigste beschränkte und stattdessen mit ihrem Lauftreff eine Runde drehte. Ozan hätte es schon gerne gesehen, wenn Melanie bei seinen Familienbesuchen häufiger mit dabei gewesen wäre, aber anderseits konnte er sich so leichter mit seinen Brüdern zurückziehen, eine Shisha rauchen und mit ihnen über ihren Lieblingsverein Galatasaray philosophieren.

Vieles änderte sich, als Melanie nach ca. drei Jahren schwanger wurde. Ozan, der nun die Heirat als selbstverständlich betrachtete, drängte auf eine schnelle, von seiner Familie ausgerichtete Hochzeit, während Melanie gar nichts davon hielt und nur widerwillig zustimmte. Irritiert von den Ritualen und der Überschwänglichkeit der türkischen Großfamilie fühlte sie sich auf ihrer Hochzeit wie ein Fremdkörper. Ozan ärgerte sich, wie kühl Melanie die herzlichen Beziehungsangebote seiner Familie ausschlug. Die mangelnde Übereinstimmung in entscheidenden Beziehungskonzeptanteilen wurde endgültig deutlich, als ihr Junge auf die Welt kam. Für Ozan war klar, dass er Cem heißen solle, wie sein verstorbener Großvater, Melanie wollte unbedingt einen deutschen Vornamen. Als Cem Jost ein Jahr alt wurde, organisierte Melanie einen Krippenplatz und wollte wieder an ihre Arbeitsstelle zurückkehren. Es gab einen massiven Konflikt, weil Ozan argumentierte, dass Cem bei Melanie am besten aufgehoben sei – aber wenn diese partout schon so früh wieder arbeiten wolle, er in dieser Zeit doch auch von Ozans Schwester betreut werden könne, die selbst drei Kinder habe und sowieso zu Hause sei. Melanie wiederum war es wichtig, dass Jost sich frühzeitig an andere gleichaltrige Kinder gewöhne, und nicht so verwöhnt werde wie bei seinen türkischen Großeltern. Mit Mühe fanden sie den Kompromiss, dass Melanie noch ein Jahr länger in Elternzeit blieb, bevor Cem Jost dann doch in die Krippe kam, was jedoch mit erheblichen Konflikten zwischen Melanie und der Familie von Ozan einherging. Als Melanie versuchte, den Kontakt zwischen „ihrem" Jost und Ozans Familie zu unterbinden, Ozan jede freie Minute bei seiner Herkunftsfamilie verbrachte und wann immer er konnte, „seinen" Cem mitnahm, kam es zur Trennung. Ein dreiviertel Jahr später saßen die Eltern nach familiengerichtlichem Hinwirken zum ersten Mal in der Beratungsstelle.

Im Fallbeispiel bewirkten die individuellen Beziehungskonzeptanteile eine zunehmend stärkere Inkongruenz zwischen den Partnern bzw. Eltern. So lange das Paar ohne Kind zusammenlebte, überwogen die gemeinsamen Paarkonzeptanteile und es war nicht schwer, Konflikte zu vermeiden, die sich durch unterschiedliche Vorstellungen z. B. in Bezug auf Einbindung in die Herkunftsfamilien des Paares ergaben.

Dies änderte sich, als ein Kind zur Welt kam und Elternkonzeptanteile aktualisiert wurden, die mit einer hohen emotionalen Beteiligung verbunden waren, z. B. in Bezug auf die Namensgebung war dem Vater sehr wichtig, dass sein Sohn in der Tradition seiner Herkunftsfamilie in Erinnerung an den geliebten Großvater einen Platz erhält und für die Mutter war entscheidend, dass ihr Sohn in Schule und Berufsleben nicht später durch einen ausländisch klingenden Namen Nachteile erleiden müsse.

Gemäß der personzentrierten Systemtheorie wird die Inkongruenz hier also auf den unterschiedlichen Systemebenen beschreibbar: Auf der kulturellen Ebene z. B. über die unterschiedlichen Bilder von Partnerschaft, Elternschaft und Familie, die in der türkischen bzw. deutschen Gesellschaft bestehen, auf der interaktionellen Ebene über Konflikte, die durch die divergierenden Beziehungskonzepte von Ozan und Melanie entstehen, und intrapersonell über die Unvereinbarkeit der organismischen Erfahrung mit Selbstkonzeptanteilen, z. B. Enttäuschung und Zorn gegenüber dem Anspruch, fürsorglich und unterstützend zu sein.

Diese unterschiedlichen Beschreibungsebenen dienen letztlich dem besseren personzentrierten Verständnis der Inkongruenzdynamik – der Strom des Inkongruenz*erlebens* an sich ist letztlich wieder innerpsychisch – weshalb diejenigen Therapie- oder Beratungsansätze, die sich ausschließlich an Kommunikationsprozessen ausrichten, zu kurz greifen (vgl. Kriz, 2004, S. 43).

Abb. 2: Das individuelle und gemeinsame Familien-/Paar-/Elternkonzept

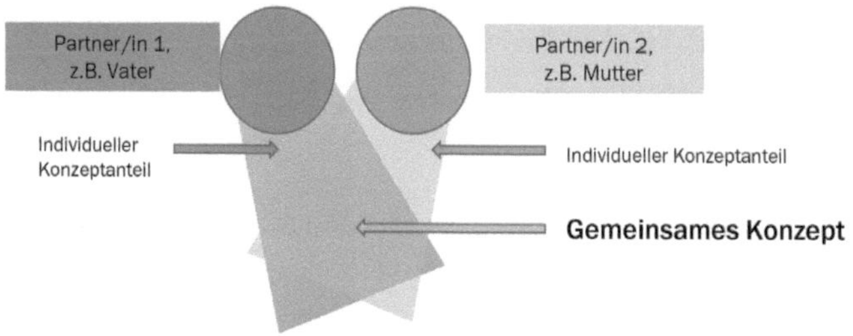

Der kongruente Anteil („gemeinsames Konzept“) kann recht hoch sein, was günstig ist für ein entspanntes Zusammenleben („Wir fühlen uns wohl“, „Wir ziehen am gleichen Strang“, „Wir können uns aufeinander verlassen“ usw.). In der Beratung mit getrennten Eltern kann es eine Zielsetzung sein, trotz des Zusammenbruchs des gemeinsamen Paarkonzeptes ein gemeinsames Elternkonzept zu erhalten oder wieder aufzubauen.

3 Die psychische Situation von Eltern in und nach der Trennung

Trennung und Scheidung wird heute überwiegend unter dem Blickwinkel der *Transition* betrachtet, als einer von verschiedenen Übergängen in der familialen Entwicklung, in deren Verlauf sich Strukturen, Interaktionen und die Personen im Familiensystem verändern können, was von allen Beteiligten Anpassungsleistungen erfordert, die als Entwicklungsaufgaben beschrieben werden (vgl. Fthenakis & Walbiner, 2008a).

Die überwiegende Zahl der Veröffentlichungen hat sich mit den Trennungsfolgen für die beteiligten Kinder befasst (vgl. z. B. Walper & Schwarz, 1999; Wallerstein et al., 2002; Hetherington & Kelly, 2003; Weber, 2013; Schaan et al. 2019). Auch wenn sich die Befunde hierzu durchaus unterscheiden, lässt sich festhalten, dass für Kinder aller Altersklassen die Zeit vor, während und nach der Trennung mit einschneidenden Veränderungen ihrer inneren und äußeren Situation verbunden ist. Wie Kinder diese kritische Lebensphase bewältigen können, hängt unter anderem ab…

- von der kindlichen Resilienz (der Möglichkeit, aktiv regulierend auf die Umwelt einzuwirken), der emotionalen Stabilität und der Möglichkeit, eigene Bedürfnislagen im Blick zu behalten, sowie der Bindungssicherheit
- von der Verfügbarkeit sozialer Unterstützung (Freunde, Verwandte, andere Erwachsene, z. B. Lehrkräfte, Trainer usw.), vgl. Fthenakis & Walbiner (2008b).

Entscheidend für die weitere Entwicklung der Kinder jedoch ist – und da sind sich die Erhebungen einig – die Qualität der Beziehung zu und zwischen den Eltern, so kommt es insbesondere darauf an, …

- *wie konflikthaft sich die Elternteile untereinander verhalten.* Kinder fühlen innere Zerrissenheit angesichts ihrer Bindungsbedürfnisse gegenüber beiden Elternteilen einerseits und der gleichzeitigen Wahrnehmung der elterlichen Streitigkeiten, sie geraten in eine emotionale Notlage angesichts der Anspannung, dem jeweils anwesenden Elternteil gegenüber loyal sein zu wollen oder sogar zu müssen. Je jünger das Kind ist und je konflikthafter es seine Eltern erlebt, umso grundsätzlicher wird es die eigenen inneren Beziehungskonzeptanteile des jeweils abwesenden Elternteils abwehren, sie stehen ihm somit aktuell nicht zur Verfügung. Bei Mama wird das Kind dann nur noch seine „mamabezogene Seite" wahrnehmen und zeigen können (also z. B. hilfsbereit, kuschelig, vorsichtig), während es sich im Kontakt mit Papa z. B. als unternehmungslustig, stärker, aggressiver fühlen und präsentieren würde.

- *inwieweit die Beziehung zu beiden Elternteilen aufrechterhalten werden kann*, sowohl in Bezug auf die Qualität und die Verlässlichkeit der Kontakte an sich als auch in Bezug auf die Bindungsfürsorglichkeit des jeweils anderen Elternteiles. Hier sind die Eltern in der gemeinsamen Verantwortung, möglichst einvernehmlich eine entsprechende Betreuungsregelung zu finden, die auch die Übergänge zwischen den Elternteilen spannungsarm ermöglicht. Eine Ausnahme stellt die vorherige Gewalteinwirkung eines Elternteiles auf das Kind dar (körperlich, sexuell, seelisch), wo ein Aussetzen der Kontakte zum Schutz des Kindes notwendig ist und gewöhnlich angstvermindernd wirkt.
- *inwieweit die Elternteile emotional resonant für kindliche Bedürfnislagen bleiben*, auch wenn sie selbst belastet sind durch Konflikte auf der Paarebene oder andere (emotionale, materielle, soziale) Schwierigkeiten, die die veränderte Lebenssituation mit sich bringen kann. Neben Hochkonflikthaftigkeit gelten hier vor allem stoffliche und nichtstoffliche Süchte sowie psychische Erkrankung der Eltern oder eines Elternteiles als Risikofaktoren.

Es lohnt sich also, an dieser Stelle genauer auf die Seite der Eltern als die hauptsächlichen Adressaten von Trennungsberatung zu schauen. Um Elternteilen trotz ihres bisweilen irritierend anmutenden Konfliktverhaltens mit Wertschätzung begegnen zu können, ist es entscheidend, die individuellen Trennungserfahrungen und deren persönliche Bedeutung verstehend nachvollziehen zu können.

Außer in den vergleichsweise wenigen Konstellationen, in denen die Elternteile nie als Partner zusammengelebt haben, zerbricht in der Trennungsphase die gemeinsame Paarkonzeption aufgrund der über die Zeit gewachsenen (z. B. ständige destruktive Konflikte) oder durch einschneidende Erfahrungen (z. B. Außenbeziehung des/r Partners/in, Gewalt) entstandenen interpersonellen Inkongruenzen, was in zirkulärer Rückbezüglichkeit auch Auswirkungen auf die anderen relevanten Beziehungskonzepte sowie das Selbstkonzept hat.

Können Sie sich noch an die Familie W. zu Beginn des Kapitels erinnern?

Als die beiden sich im Referendariat kennenlernten und ineinander verliebten, stellten sie fest, wie viele Gemeinsamkeiten sie hatten, sowohl auf der Ebene der Interessen, die sie fortan teilten, als auch in Bezug auf die Werte, die ihnen in der Beziehung wichtig waren. So unternahmen sie mehrere Reisen nach Asien und Lateinamerika, sie schätzten sich in ihrem großen Interesse für andere Kulturen, sie liebten ihre Hausmusik und konnten endlos über philosophische und politische Themen reden. In Bezug auf ihre Partnerschaft war ihnen Ehrlichkeit und Vertrauen sehr wichtig und beide wollten viele Kinder, weil sie selbst aus großen Familien stammten und die Zeit mit den Geschwistern in guter Erinnerung hatten. Als sich Annika ankündigte, heirateten sie mit 200 Gästen und einer Live-Band, die bis zum Morgengrauen für tolle Stimmung sorgte.

Hier klingen die gemeinsamen Paarkonzeptanteile an, die Mareike und Paul als die Basis ihrer Beziehung beschrieben: neben Ehrlichkeit und Vertrauen auch Toleranz und Offenheit füreinander, Kreativität und gute Gespräche, sowie der Wunsch, Partnerschaft mit Elternschaft zu leben.

In den ersten Jahren der Elternschaft waren Mareike und Paul vollauf damit beschäftigt, Beruf und Kindererziehung unter einen Hut zu bekommen. Auch hier kooperierten sie gut, sie teilten die Elternzeit auf, genauso wie die täglichen Hausarbeiten, allerdings fielen ihre Reisen deutlich kleiner und kinderfreundlicher aus (Ostsee statt Südsee) und für Musik und tiefgründige Gespräche fehlte ihnen Zeit und Energie. In der Kindererziehung nahmen sie sich insgesamt als sehr ähnlich war, Mareike war etwas konsequenter als Paul, dem im Übrigen seine Vaterrolle sehr wichtig war, zumal er selbst „kaum etwas von seinem Vater gehabt habe“, weil dieser früh verstorben sei. Auch als die Kinder etwas größer waren, wechselten sie sich bei Betreuungszeiten, Fahrdiensten, Arztbesuchen etc. so gut es ging ab. Paul arbeitete wieder in Vollzeit, Mareike in Teilzeit.

Auf der Paarebene vermisste Mareike die gemeinsamen kuscheligen Stunden. Während Paul die Abende in seinem Büro verbrachte, um Unterricht vorzubereiten, hockte Mareike vor dem Fernseher und wartete häufig vergeblich auf ihn. Insgesamt wurde immer deutlicher, dass Mareike ein viel größeres Nähebedürfnis hatte als Paul, der sich besonders in Stressphasen als regelrechter Einzelgänger entpuppte. Mareike bemerkte mit einer gewissen Eifersucht, dass Paul den Kindern gegenüber versuchte, ein lustiger und einfühlsamer Vater zu sein, um dann, sobald diese im Bett waren, in seinem Refugium zu verschwinden. Paul ging die Unzufriedenheit seiner Frau auf die Nerven und er entzog sich ihr immer häufiger, um „seine Akkus für den nächsten Tag aufzuladen“, wie er sagte.

Während die gemeinsamen Elternkonzeptanteile unverändert hoch gewesen zu sein schienen, traten nun Inkongruenzen in Paarkonzeptanteilen stärker zutage:

Paul kämpfte um Freiraum und war enttäuscht, wie wenig er seine Bedürfnisse respektiert und seine Bemühungen um Kindererziehung und finanzielle Absicherung anerkannt sah.

Mareike dagegen fühlte sich in ihrem Bedürfnis nach partnerschaftlicher Nähe und Verbindung zurückgewiesen. Sie wurde mit der Beziehung immer unzufriedener und schlug eine Paarberatung vor, was Paul brüsk ablehnte und als erneute Kritik an sich auffasste. Jedoch organisierte er einmal in der Woche eine Kinderbetreuung, damit sie gemeinsam etwas unternehmen konnten. Darüber war Mareike zunächst sehr froh, allerdings endeten die Restaurantbesuche regelmäßig im Streit, weil in ihren Gesprächen die Probleme der Woche obenauf lagen, statt der tiefgründigen, philosophischen Themen von früher. Immer wieder gingen sie an solchen Abenden ohne Klärung in ihre (mittlerweile getrennten) Betten.

In der Beziehungskrise versuchen Paare häufig, sich auf das zu besinnen, was „zu guten Zeiten" leicht war und die gemeinsame Verbundenheit ausgemacht hat. Leider sind diese „Rückgriffe auf das alte Leben" allzu gerne mit hohen Erwartungen aufgeladen, sehnsüchtig werden alte Paarerfahrungen idealisiert. Gemessen daran wirkt die „kleine Auszeit" enttäuschend, zumal wenn fortgeschrittene Entfremdung und/oder offene Konflikte die Atmosphäre zusätzlich belasten. Bei Mareike und Paul bewirkte die Aktualisierung von ehemals gemeinsamen Paarkonzeptanteilen in erster Linie, dass ihnen ihre unterschiedlichen Bedürfnisse umso schmerzlicher bewusst wurden und die Resignation weiter anstieg.

Schließlich vollzog Mareike als die „aktiv Unzufriedene" den Schritt der räumlichen Trennung, indem sie in der frei gewordenen Einliegerwohnung einer Freundin unterkam, was Paul aus der Perspektive heraus interpretierte, dass sie eigentlich immer noch ein Paar seien und Mareike sich eine „Beziehungspause" verordnet habe, um sich über einiges klarer zu werden und frische Kraft für einen Neustart zu sammeln. Mareike hatte zu diesem Zeitpunkt bereits viel deutlicher mit der Beziehung abgeschlossen und war frisch verliebt, was sie jedoch Paul gegenüber noch nicht offen gemacht hatte.

In dieser Situation erschienen beide zum ersten Mal in der Beratungsstelle, vordergründig mit einer gemeinsamen Fragestellung, nämlich wie sie als Eltern den Kindern gegenüber möglichst angemessen die räumliche Distanzierung durch die Mutter erklären sollten. Dahinter wurde jedoch schnell der unterschiedliche Entwicklungsstand der jeweiligen Beziehungskonzepte deutlich.

Für Mareike war die gemeinsame Paarkonzeption längst zerbrochen, sie empfand sich als getrennt und erhoffte sich neben der Besprechung der Elternthemen vom Beraterpaar unterschwellig vor allem Unterstützung dabei, dem Vater die Trennung möglichst schonend beizubringen. Paul agierte aus der Aktualisierung gemeinsamer Paarkonzeptanteile heraus und hatte große Schwierigkeiten im Umgang mit der dadurch entstehenden Inkongruenz. Sein unausgesprochenes Anliegen war, dass die Berater doch bitte der Mutter klarmachen mögen, dass sie möglichst bald als Partnerin und Mutter wieder nach Hause kommen solle.

Auf dem Feld der Elternschaft kooperierten Paul und Mareike zumindest vordergründig weiterhin gut; die Stimmung veränderte sich jedoch schlagartig in Richtung eskalierender Konflikte auch auf der Elternebene in dem Moment, wo Mareike ihre neue Beziehung offenlegte. Erst da brach auch für Paul die gemeinsame Paarkonzeption zusammen und er agierte fortan als getrennter Vater.

Wie im Abschnitt über die personzentrierte Systemtheorie ausgeführt, finden wir bei Paul und Mareike, aber auch bei vielen anderen Paaren *vor* der Trennung, dass trotz vieler Konflikte der Sinnattraktor „wir gehören zusammen“ handlungsleitend ist. Im Bemühen an der Beziehung festzuhalten, steht das Gemeinsame, Verbindende im Fokus (bei Mareike und Paul als „wir wollen es miteinander schaffen“). Der Phasenübergang in einen neuen Ordnungszustand (z. B.: „Wir sind getrennt und können uns einfach nicht verstehen“) vollzog sich bei Mareike und Paul zeitversetzt, so dass eine Weile lang Mareike bereits bevorzugt Hinweise für die Unterschiedlichkeit und Unvereinbarkeit sammelte, während Paul noch den Sinnattraktor „Partnerschaftlichkeit“ bevorzugt komplettierte.

Die Mitteilung, dass Mareike sich bereits in einer neuen Beziehung befand, war für Paul ein Schock, der bewirkte, dass für eine ganze Zeit auch sein Vertrauen in elterliche Kooperationsmöglichkeiten massiv erschüttert war. Dadurch, dass Paul mit den Kindern im gemeinsamen Haus verblieben war, verschaffte ihm angesichts des Ohnmachtsgefühls, in Bezug auf das Ende der Paarbeziehung vor vollendete Tatsachen gestellt worden zu sein, eine Kompensation durch vermehrte Kontrollmöglichkeiten auf dem Feld der Elternschaft, die er – ohne es in seiner Verletzung bewusst wahrnehmen zu können – in Richtung Beeinflussung der Kinder und Einschränkung der Kontakte zur Mutter ausagierte.

Dieser Phasenübergang in Richtung Trennung hatte gerade in der ersten Zeit erhebliche Auswirkungen auf Absprache- und Einigungsprozesse auf der Elternebene in der Beratung, was recht bald in eine Phase gerichtlicher Auseinandersetzungen einmündete.

Mit welcher emotionalen Verfassung, welchen Themen und mit welcher Konflikthaftigkeit Eltern(-teile) in die Trennungs- und Scheidungsberatung kommen, hängt vor allem von folgenden Aspekten ab, die selbstverständlich zueinander in einem engen Zusammenhang stehen:

- ob die Trennung gemeinsam gewollt („es ist die beste Lösung für uns beide“) oder einseitig ausgesprochen ist
- wie hochkonflikthaft die Umstände der Trennung waren und wie tiefgreifend das Vertrauen in den/die Andere/n erschüttert ist
- in welcher emotionalen Phase der Trennung sich Elternteil 1 und 2 befinden. Häufig ist ein Elternteil „weiter“ als der andere; z. B. kann es sein, dass sich eine Seite schon in neuer Partnerschaft befindet und die Trennung aktiv herbeigeführt hat, während die andere Seite noch in der Phase des Schocks, des „Nicht-Wahrhaben-Wollens“ ist.
- welche Aspekte der Trennung bereits vollzogen sind, z. B. räumliche oder finanzielle Trennung und als wie gerecht sie empfunden werden
- von der grundsätzlichen Beschaffenheit der jeweiligen Selbstkonzepte, des Selbstvertrauens, des Selbstwirksamkeitserlebens – und deren aktueller Erschütterung
- und nicht zuletzt, welche Bindungsrepräsentanzen, welche früheren Trennungserfahrungen die Elternteile mitbringen.

Aus der Bindungstheorie wissen wir, dass Menschen nicht nur als Kinder, sondern zeitlebens Bindungsverhalten bei Stress und Mangelsituationen aktivieren (vgl. z. B. das von Gloger-Tippelt herausgegebene Werk zu Bindungsverhalten im Erwachsenenalter, 2001). Während Kinder die frühen vertrauten Bezugspersonen – gewöhnlich, aber nicht zwangsläufig die Eltern – aufsuchen, sind es im Erwachsenenalter vor allem die (Ehe-)Partner, die in der Regel füreinander zur Bewältigung von Mangelsituationen, für Trost und Fürsorge wichtig sind. Was aber passiert, wenn die hauptsächliche Bindungsperson in Beziehungskrisen und Trennung hierfür dauerhaft nicht mehr verfügbar ist?

Zunächst hört die Paarbeziehung auf, Quelle von Sicherheit zu sein. Dies kann sich bei zunehmender Verschlechterung der Beziehung schleichend entwickeln oder plötzlich passieren (bei abrupter Beendigung oder Tod). In der Konfliktzuspitzung oder Trennung wirkt der Kontakt zur bis dahin hauptsächlichen Bindungsperson stattdessen verunsichernd und ist von negativen Gefühlen begleitet (vgl. Lux, 2019, S. 223). Dieser Verlust der Bindungsperson führt je nach Bindungsmuster und situativen Gegebenheiten zu…

- verstärkter Bindungssuche gegenüber anderen Personen (Aktivierung anderer sozialer Bindungen, frühe neue Partnerschaften usw.)
- vermeidendem Rückzugsverhalten
- dysfunktionalen Emotionsregulationsstrategien (Alkohol-, Drogenmissbrauch etc.) oder einer
- verstärkten Aktivierung des Bindungssystems (z. B. trennungsverleugnendes Anklammern, Grenzüberschreitungen gegenüber dem verlorengegangenen Partner).

Bowlby (1983) beschreibt, dass „das Ziel des Bindungsverhaltens darin besteht, eine gefühlsmäßige Bindung aufrechtzuerhalten" und „jede Situation, die die Bindung zu gefährden scheint, Aktionen hervorruft, die den Zweck haben, die Bindung zu erhalten" (S. 47). Je größer die Gefahr des Verlustes erscheint, umso intensiver und vielfältiger sind die Aktionen, die diesen Verlust verhindern sollen. Zunächst werden die „wirksamsten Formen von Bindungsverhalten aktiviert – Anklammern, Weinen und vielleicht das Druckmittel des Zorns. Dies ist die Phase des Protestes, in der akuter physiologischer Stress und emotionales Leid herrschen. Wenn diese Aktionen zum Erfolg führen, ist die Bindung wiederhergestellt, die Aktivitäten hören auf, und die Stress- und Leidzustände bessern sich“ (S. 48).

Bowlby stellt weiter dar, dass die Anstrengung bei nicht erfolgreicher Bindungssuche zwar nachlässt, aber gewöhnlich über einen mehr oder weniger langen Zeitraum nicht ganz aufhört, sondern die Bemühungen um die Wiederherstellung der Bindung immer wieder erneuert wird. Das Bindungsverhalten der verlassenen Person wird immer wieder von Neuem aktiviert, der Organismus ist in einem ständigen Stresszustand, was sich als chronisches Leiden, als Trauern mit den unterschiedlichsten Facetten des Erlebens, zum Beispiel Betäubung, Verzweiflung, Niedergeschlagenheit, Angst, Wut, Traurigkeit zeigen kann. Dennoch ist Trauer erforderlich, um den Verlust des Beziehungspartners psychisch zu bewältigen. Bowlby unterscheidet hier zwischen normalen Trauerprozessen, die mit der Zeit zu „einer mehr oder weniger vollständigen Wiederherstellung der Funktionen führen, das heißt zu einer Erneuerung der Fähigkeit, Liebesbeziehungen anzuknüpfen und aufrechtzuerhalten“ („reorganisiertes Trauern“) – und den schwierigen Verläufen, in denen diese Funktionen mehr oder weniger stark beeinträchtigt bleiben.

Borelli (2019) stellt – ebenfalls aus bindungstheoretischer Perspektive – heraus, dass die Trennung durch Scheidung sich vor allem durch die erlebte Zurückweisung durch den Ex-Partner beziehungsweise die Ex-Partnerin von der todbedingten Trennung unterscheidet, was sowohl Auswirkungen auf das Vertrauen und die Zuversicht in zukünftige Liebesbeziehungen als auch auf die Möglichkeiten elterlicher Zusammenarbeit haben kann.

Welche Faktoren haben also Einfluss auf den Prozess der Loslösung aus der partnerschaftlichen Bindung nach Scheidung? Borelli unterscheidet hier *interpersonelle* von *intraperso-*

nellen Aufgaben; zu Ersteren zählt sie die Neuaushandlung der Beziehung zum ehemaligen Partner, was besonders bei gemeinsamen Kindern (oder auch anderen bleibenden Beziehungsaspekten, wie z. B. ein gemeinsamer Besitz oder eine Firma) notwendig ist, sowie die Schaffung oder Wiederherstellung eines sozialen Netzes (Freundeskreis, sonstige soziale Unterstützung), das unabhängig von der ehemaligen Partnerschaft funktioniert. Zu den intrapersonellen Aufgaben gehören der Trauerprozess an sich und die Reorganisation der Emotionsregulierung sowie des Selbstkonzeptes.

Die Bewältigung dieser Aufgaben setzt sie in Beziehung zum jeweiligen Bindungsstil. In Bezug auf die *interpersonellen* Aufgaben bewältigen demnach Menschen mit einem hohen Maß an Bindungssicherheit den Prozess der Neugestaltung der Beziehung besser, weil sie eher in der Lage sind, die Bedürfnisse des jeweils anderen sowie die Bedürfnisse der Kinder im Blick zu behalten und gegeneinander abzuwägen.

Dagegen treffen Personen mit unsicher-vermeidendem Bindungsstil Entscheidungen eher individuell, gehen Konflikten durch die Vermeidung kooperativer Absprachen aus dem Weg oder brechen den Kontakt zum anderen Elternteil ganz ab.

Menschen mit ängstlichem Bindungsmuster empfinden starke negative Emotionen, vermissen den Ex-Partner beziehungsweise die Ex-Partnerin stark, neigen dazu, sich anzuklammern und Entscheidungen zu treffen, die eher aus der aktuellen Emotionalität als aus der Wahrnehmung eigener Bedürfnisse oder der ihrer Kinder resultieren.

Zu den *intrapersonellen* Prozessen zählt Borelli das Trauern und postuliert in Übereinstimmung mit humanistisch-psychologischen Emotionstheorien, dass Menschen mit sicheren Bindungsmustern eher in der Lage sind, primäre Emotionen wahrzunehmen, die sich als spontane Reaktionen auf die Trennungssituation einstellen (wie zum Beispiel Traurigkeit, das Gefühl verletzt, zurückgewiesen oder einsam zu sein) und daher wirksam trauern können.

Elternteile mit unsicheren Bindungsrepräsentationen nehmen diese Emotionen nicht in diesem Maße wahr, überdecken sie stattdessen mit (maladaptiveren) sekundären Emotionen, wie zum Beispiel Zorn oder Schuldgefühlen. Diese sekundären Emotionen verursachen ihrerseits Leiden und verhindern wirksame Trauerprozesse.

Bei Personen mit unsicheren Bindungsrepräsentanzen ist die Symbolisierung emotionaler Erfahrung tendenziell also verzerrt, wie im Falle heftiger Wahrnehmung sekundärer Emotionen oder versperrt, so bei eingeschränktem Zugang und Ausdruck von Gefühlen.

Während Elternteile mit sicheren Bindungsrepräsentanzen zunächst eine Zeit starker primärer Gefühle durchleben, was jedoch für den Prozess der Lösung aus der partnerschaftlichen Bindungsbeziehung notwendig ist, brauchen unsicher gebundene Menschen häufiger Unterstützung, um von den sekundären „Deckemotionen“ zumindest teilweise zu den primären Gefühlen zu gelangen, deren Wahrnehmung und Ausdruck für eine wirksame Trauerarbeit grundlegend ist.

Reorganisation von emotionaler Regulation und Selbstkonzept

Bei den Prozessen der Reorganisation geht es einerseits um die Frage, wie Menschen nach der Trennung ihre emotionale Regulation wieder selbst vollziehen können, wenn sie in der Beziehung durch resonante Feinabstimmung in den Reaktionen aufeinander (zum Beispiel Beruhigung durch einen ruhigen Partner nach einem aufreibenden Arbeitstag) mehr oder weniger starke Unterstützung erfahren haben.

Damit im engen Zusammenhang steht die Entflechtung des Selbstkonzeptes von Paarkonzeptanteilen. Wie im Kapitel zur Einführung in den personzentrierten Ansatz ausgeführt, braucht es die resonante Spiegelung durch wertschätzende wichtige Bezugspersonen, damit eine Erfahrung angemessen symbolisiert Eingang ins Selbstkonzept findet, also als Selbsterfahrung (an-)erkannt wird. In mehr oder weniger starkem Maße werden in der Paarbeziehung diese Prozesse der Spiegelung vom Partner beziehungsweise der Partnerin übernommen.

Wie schwer es für den in Trennung befindlichen Elternteil

wird, das eigene Selbstbild aus seinen partnerschaftsbezogenen Anteilen zu lösen, wird davon abhängen, wie das Selbstkonzept vor der Partnerschaft beschaffen war und wie viele andere, von der Partnerschaft unabhängige Selbstanteile sich entwickeln konnten, so zum Beispiel über Erfahrungen in beruflichen oder freundschaftlichen Beziehungen.

Im Extremfall, wenn die Partnerschaft in direkter Folge der eigenen Kindheit eingegangen wurde und selbstrelevante Erfahrungen so gut wie ausschließlich aus partnerschaftlichen Beziehungsmomenten symbolisiert wurden, kann sich die Trennung existenziell verunsichernd auf das Selbstbild auswirken. Beschrieben wird dies von den Betroffenen etwa so:

> „Mir ist alles, was mich ausgemacht hat, genommen worden. Ich weiß gar nicht mehr, wer ich eigentlich bin, kenne mich mit mir und meinen Gefühlen nicht mehr aus. Ich werde von Angst überflutet. Ohne sie/ihn kann ich mir mein Leben gar nicht vorstellen."

Zu einer gelingenden Reorganisation des Selbstkonzeptes gehört die Fähigkeit, bewusst den eigenen innerseelischen Raum wahrnehmen zu können, in dem sich selbstbezogene Gefühle und Reflexionen entwickeln („Ich habe das Gefühl" statt „ich bin das Gefühl") und gegebenenfalls andere soziale Bezugspersonen (Freunde, Berater) aufzusuchen, die bei der Symbolisierung von organismischen Erfahrungen unterstützend wirken.

Ein Risikofaktor bei der Bewältigung ist neben unsicheren oder desorganisierten Bindungsrepräsentationen eine mit diesen häufig einhergehende hohe Unmittelbarkeit im Erleben (Hyperarousal, in früher Kindheit entstandene Stressmuster), die reflexive Prozesse deutlich erschwert. Ich werde darauf in den praktischen Teilen zur Diagnostik und Intervention näher eingehen.

Es gibt unterschiedliche Beschreibungen von Phasen der Trauer nach Trennung (vgl. für die todbedingte Trennung z. B. Bowlby, 1983, S. 113ff.), sie heben auf die charakteristisch aufeinander folgenden Zeiträume emotionaler und kognitiver Reaktionsweisen von Trauernden ab. Nach einer Schockphase (Betäubung, Ausnahmezustand) wird eine Phase des Unglaubens, des Nicht-wahrhaben-wollens beschrieben, die dann in eine Phase einmündet, in der verschiedene emotionale Prozesse (Zorn, Angst, Depression, verzweifelte Trauer, Schuldgefühle etc.) aufbrechen, um schließlich im günstigen Falle in ein reorganisiertes Trauern mit anschließender Orientierung auf neue Bindungsbeziehungen überzugehen.

Abgesehen davon, dass sowohl „Mischzustände“ als auch „Rückfälle“ in frühere Phasen eher die Regel als die Ausnahme sein dürften, treffen diese Phasenbeschreibungen wohl am ehesten auf die Gruppe der plötzlich „verlassenen“, selbst noch liebenden Elternteile zu. Deutlich von ihnen zu unterscheiden sind dagegen die emotionalen Prozesse der „trennungsaktiven“ Partner, die zum Beispiel unter einer schleichenden Entfremdung in der Paarbeziehung verbunden mit wachsender Unzufriedenheit oder latenten beziehungsbezogenen Mangelgefühlen während der Partnerschaft gelitten haben und durch die ausgesprochene Trennung einen Zuwachs an Kongruenz, Entlastung oder sogar Befreiung erleben. Diese Gruppe wehrt die Gefühle, die bei einer angemessenen Verarbeitung und Würdigung der alten Beziehung entstehen würden, eher ab – gehen also häufig neue Beziehungen ein, ohne sich mit den vorherigen Inkongruenzerfahrungen ausreichend auseinandergesetzt zu haben.

Zusammenfassend lässt sich festhalten, dass wir in der Trennungsberatung mit Elternteilen und -paaren in Kontakt kommen, die…

- einen Zusammenbruch der gemeinsamen Teile ihrer Paarkonzeption erlebt haben und vor diesem Hintergrund trotz aller Inkongruenz vor der Aufgabe stehen, das Beziehungskonzept „Elternschaft“ weiterzuleben beziehungsweise neu zu organisieren
- in ihrem Selbstbild inklusive des Selbstwert-, Selbstwirksamkeits- und Selbstkompetenzerlebens verunsichert sind und diese Irritation in Erleben und Verhalten direkt oder kompensatorisch zeigen
- durch Gefühle der Zurückweisung und Verletzung in ihrer

Bindungssicherheit irritiert sind, und dieses in unterschiedlicher Art und Weise zeigen können – durch Beziehungssuche, dauerhaft aktiviertem Bindungssystem, oder auch durch ein unsicher-vermeidendes Rückzugsverhalten (deaktiviertes Bindungssystem)
- aktuell oder dauerhaft mit der Regulation ihrer Emotionen stark gefordert sind, umso mehr, wenn sie auf den anderen Elternteil treffen und/oder auf ihre Trennungserfahrungen fokussieren.

4 Streitende Eltern: (hoch-)konflikthaft und sehr verletzt

Wenn wir uns im folgenden Abschnitt mit der Beschreibung und Erklärung elterlicher Konflikthaftigkeit beschäftigen, sei direkt zu Beginn daran erinnert, dass diese Eltern in aller Regel (vielleicht mit der Ausnahme von „One-Night-Stand-Elternschaften") ebenso wie andere Eltern…

- sich einmal geliebt haben (oder mindestens ineinander „verknallt" waren), sich also zueinander so liebevoll, wie es ihnen möglich war, verhalten und positive Eigenschaften am anderen gesehen haben
- sich als Bindungspersonen wichtig waren, sich vertraut und unterstützt haben
- finanzielle Eigenständigkeit bis zu einem gewissen Grade zugunsten der Schaffung einer gemeinsamen Lebensgrundlage zurückgestellt haben
- sich mehr oder weniger bewusst in neun Monaten auf eine bevorstehende Elternschaft vorbereitet haben, dabei tiefe Gefühle in Schwangerschaft und Geburt erlebten, die auf diese neue Rolle bezogen sind
- in der ersten Zeit der Elternschaft sich um Beziehung zum gemeinsamen Kind bemüht haben, Bindungspersonen wurden, Aufgaben teilten, sich unterstützten, also *kooperierten.*
- in aller Regel gute Eltern/teile sein *wollten* und immer noch

wollen (unabhängig davon, ob ihre Einschätzung *es zu sein*, angemessen ist oder nicht)
- und in der Beratung hinter aller Abwehr auch ein Bedürfnis nach Wertschätzung und positiver Beachtung haben.

Wie kommt es also, dass manche getrennte Eltern sich mit viel Energie jahrelang destruktiv streiten, während andere es trotz der weiter oben beschriebenen Gefühle der Kränkung und Zurückweisung in der Phase der Trennung schaffen, für die erzieherische Begleitung ihrer Kinder eine kooperative Ebene zu erhalten oder neu zu entwickeln?

Bei der Beschreibung des Phänomens der elterlichen Konflikthaftigkeit geht es gewöhnlich um die Art und Weise, wie sich die Elternteile *zueinander* verhalten. Es existieren jedoch auch einige Ansätze, Menschen, die hochkonflikthaft nach der Trennung reagieren, in ihren *individuellen Eigenschaften* zu unterscheiden von denjenigen mit geringer Konfliktbereitschaft.

Zum Beispiel formulieren Dietrich et al. (2010, S. 13f.) als Ergebnisse ihres Forschungsprojektes „Kinderschutz bei hochstrittiger Elternschaft“ sechs persönliche Eigenschafts- und Verhaltensmerkmale, die sie als typisch für die Gruppe der hochstrittig reagierenden Eltern ansehen:

- *Reduzierte Offenheit für neue Erfahrung*: Schwaches Interesse an neuen Erfahrungen; Traditionalismus, feste Ansichten, konservative Haltungen sind stärker ausgeprägt.
- *Reduzierte Verträglichkeit*: Misstrauische, kühle und kritische Haltung bei durchschnittlich geringerer Kooperationsbereitschaft, Nachgiebigkeit, Vertrauen.
- *Als gering erlebte Selbstwirksamkeit in der elterlichen Beziehung*: Die Überzeugung, bei Konflikten kaum Handlungsspielraum zu haben und selbst dem anderen Elternteil hilflos ausgeliefert zu sein.
- *Unflexible Denkstrukturen*: Rigides Denken (und in der Folge auch Handeln), vor allem festgestellt bei hochstrittigen Vätern, das fixiert ist auf die eigenen Ansichten und Feindbilder. Die Wahrnehmung kindlicher Bedürfnisse und die

Möglichkeit, die Reaktionen der Ex-Partnerin nachzuvollziehen ist deutlich eingeschränkt.

- *Wahrnehmungsverzerrungen*: Ausgeprägte Wahrnehmung, man sei selbst das Opfer und der/die Ex-Partner/in oder auch die ganze Außenwelt sei feindselig sabotierend. Undifferenziert-dichotome Haltung, als Elternteil selbst gut und fähig zu sein, während der andere böse und unfähig sei.
- *Eingeschränkte Emotionsregulation*: Mangel an Bewältigungsmöglichkeiten von den als negativ erlebten Gefühlen wie Wut, Enttäuschung, Trauer, Hass, die stattdessen im Kontakt zum anderen Elternteil immer wieder aktualisiert und in den Konflikt gebracht werden.

Als weitere individuelle Besonderheiten beschreiben Dietrich et al. das gehäufte Auftreten von Depressionen und das Phänomen, im Sinne sozialer Erwünschtheit zu wirken und sich um eine positive Selbstdarstellung in der Beratung zu bemühen.

Die Autoren betonen, dass diese individuellen Merkmale häufig im Zusammenhang mit einer starken Kränkung durch die Trennung auftreten – dieser Verschränkung von persönlichen und situativen Aspekten werden wir uns weiter unten im Entwurf eines personzentrierten Erklärungsmodells zur Entstehung von eskalierendem Elternverhalten widmen.

Die Einteilung nach Konfliktstufen von Alberstötter

Die in der Beratungsarbeit mit getrennten Eltern recht bekannt gewordene dreistufige Einteilung von Alberstötter (2005, S. 83ff.; 2006a, S. 29ff.) beschreibt unterschiedliche Niveaus der Strittigkeit zwischen Eltern. Die Einordnung bietet eine schnelle Orientierung über das Konfliktpotenzial und unterstützt Beratungskräfte bei der Einschätzung, ob Eltern von Beratung ausreichend profitieren können oder ob andere beziehungsweise zusätzliche Interventionen angezeigt sind.

In Konfliktstufe 1 lässt sich zwar ein *„zeitweilig gegeneinander gerichtetes Reden und Tun“* mit verbalen Angriffen und

Schuldzuweisungen feststellen, grundsätzlich ist aber das Gefühl gemeinsamer Elternverantwortung in der Beratung tragend:

- Die Eltern wissen, dass es sich für die gemeinsamen Kinder positiv auswirkt, wenn sie als Eltern sich um gute Kommunikation und Absprachen bemühen.
- Die kindlichen Bedürfnisse können überwiegend gesehen und von eigenen Bedürfnissen unterschieden werden, beide Eltern wissen, wie wichtig es ist, dass die Kinder zu ihnen beiden eine gute und vertraute Beziehung haben können.
- Den Eltern gelingt es in den weitaus meisten Situationen, die eigenen Erfahrungen und Verletzungen auf der Paarebene von der gemeinsamen Verantwortung auf der Elternebene zu unterscheiden.

Das Denken und Fühlen ist meist reflexiv genug, um eigene Anteile an dem Zustandekommen von Konflikten sehen zu können. Es besteht ein Interesse, die Konflikte im Sinne einer guten Lösung für das/die Kinder gemeinsam zu bewältigen.

In Konfliktstufe 2 ist die kooperative Ebene nicht mehr ohne weiteres zu erreichen, *mindestens ein Elternteil agiert verletzend* gegen den/die Ex-Partner/in. Es wird in polarisierender Weise nach Argumente gesucht; der/die andere „ist böse“ und „hat Schuld“, eigene Anteile am Zustandekommen von Konflikten werden geleugnet.

Dabei wird das Verhalten des anderen Elternteiles aus dem Kontext der interaktiven Abläufe („da hat sich etwas zwischen uns aufgeschaukelt“) herausgetrennt und zu einer unveränderlichen charakterlichen Eigenschaft verfestigt („eigentlich war er/sie immer schon so“ beziehungsweise „seit dem Ereignis X hat sich seine/ihre Persönlichkeit verändert“), was die eigene Hilflosigkeit und die Zukunft der Elternschaft als hoffnungslos begründet.

Ein weiteres Merkmal ist die die aktive Einbeziehung anderer Personen in den Konflikt, die Stellung beziehen (sollen) gegen den anderen Elternteil. Zunächst sind dies Verwandte und Freunde, deren Solidarität sich der streitende Elternteil verge-

Abb. 3: Dreistufiges Modell für eskalierte Elternkonflikte (modifiziert nach Alberstötter, 2005)

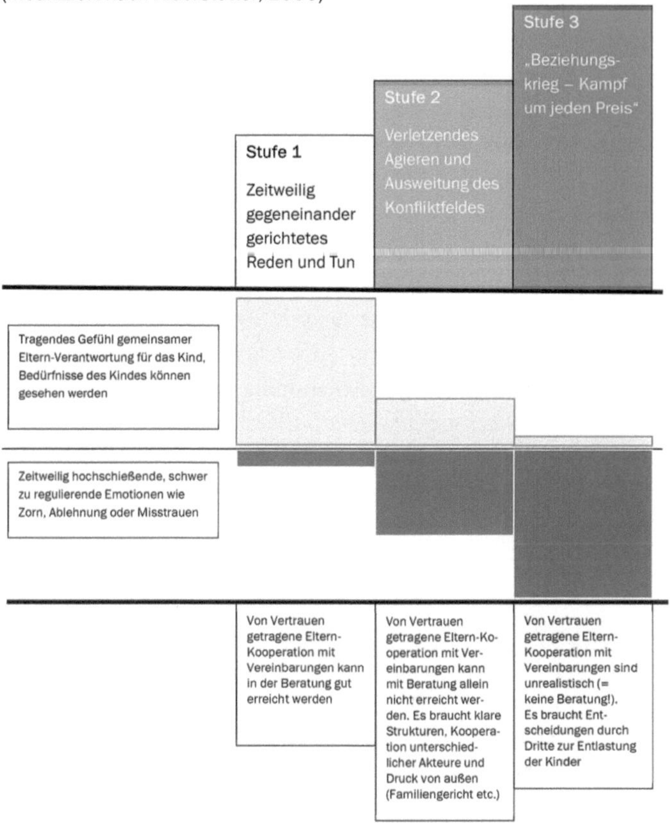

wissert, indem die moralische und erzieherische Unfähigkeit des anderen durch die Ausschmückung der „verwerflichen Handlungen" und des schlechten Charakters belegt wird.

Auch im Kontakt zu den nach und nach involvierten Fachkräften steht nicht die Frage nach einer guten nachehelichen Elternebene im Vordergrund, sondern es wird zunächst die Unmöglichkeit beklagt, „mit diesem Menschen" noch eine gemeinsame Linie zu finden.

Dementsprechend häufig ist eine Inkongruenz zwischen Elternteil („Ich brauche Unterstützer, die dem/der Anderen sagen, dass er schuld ist, sich ändern soll!") und Beratungsangebot (zum Beispiel: „Wir bieten Begleitung beim kompromisshaften Aushandeln guter, kooperativer Lösungen") in Bezug auf die Zielvorstellungen der Beratung.

Die Beratung ist dadurch erheblich erschwert und in der Regel nur ein Baustein in der Kooperation verschiedener untereinander abgestimmter Fachkräfte (z. B. Jugendamt, Familiengericht, Verfahrensbeistände), die aus ihrer jeweiligen Rolle heraus teilweise druckvoll auf die Eltern einwirken.

In Konfliktstufe 3 steht der *Hass auf den/die „unmenschlichen" Ex-Partner/in* im Vordergrund, die Schädigung des/r anderen wird zum Ziel, für das auch die Kinder instrumentalisiert werden. Die reflexive Distanz zum eigenen Erleben geht völlig verloren, die subjektive Wahrnehmung wird komplett mit der Wahrheit verwechselt. In dieser Stufe ist Beratung aktuell unrealistisch, es braucht Schlichtung und/oder klare Entscheidungen von machtvollen Dritten zur Abwendung der Kindeswohlgefährdung durch die extreme Loyalitätsverpflichtung und fehlende Wahrnehmung kindlicher Bedürfnisse.

Wie können wir uns das destruktive Konfliktverhalten erklären?

Für die weitere Betrachtung ist es sinnvoll, das zwischen Elternteilen allgemein bestehende Konfliktniveau vom eskalativen Streitverhalten in einer aktuellen Beratungssituation zu unterscheiden. Natürlich ist beides nicht unabhängig voneinander, aber ersteres basiert eher auf zeitstabileren Einstellungen und Haltungen (z. B.: „Meine Expartnerin ist nicht gut für unseren Jungen, weil sie ihn mit ihrem Kontrollwahn erdrückt"), die sich aus den oben beschrieben Prozessen der Entdifferenzierung/Übergeneralisierung, charakterlichen Entwertung, Verantwortungsabwehr und -zuschreibung, Einbezug von Unterstützern usw. entwickeln.

Die akute Eskalation dagegen entsteht, weil bei einem oder auch beiden Elternteilen besonders verletzte Beziehungserfahrungen aktualisiert werden, die zum momentanen Verlust der emotionalen Regulationsfähigkeit durch reflexive Distanzierung führen. Phänomenologisch äußert sich dies z. B. als Schreien, heftiges Schimpfen mit hasserfüllter Stimme oder auch expressives Weinen mit deutlichen psychovegetativen Erregungsanzeichen, wie zum Beispiel Hautrötung, Zittern, motorische Unruhe oder Veränderungen in der Atmung.

Auf den ersten Blick scheint das eskalierende Konfliktverhalten für Außenstehende schwer verständlich. In der Regel steht der Konfliktanlass in keinem unmittelbar nachvollziehbaren Verhältnis zur Heftigkeit der Reaktion der Konfliktpartner und auch die Argumente, die hinterher als Verhaltensbegründungen herangezogen werden, wirken undifferenziert und erweisen sich als unüberprüfbar. In vielen Fällen ist ein regelrechter „Konfliktsog" zu beobachten, die Eltern wirken von dem verminten Terrain geradezu magisch angezogen.

In der Beratung finden wir Konstellationen, in denen ein Elternteil deutlich mächtiger als der andere erscheint. Für diesen hat die Konflikteskalation dann möglicherweise einen instrumentellen Charakter, während der andere aus hilfloser Wut heraus agiert, ohne dass dieses den beteiligten Personen bewusst sein muss.

Frau Dr. M. hat eine Professur in der 150 Kilometer entfernten Universitätsstadt O. angeboten bekommen und trennte sich räumlich von Herrn F., mit dem sie nicht verheiratet war und der als Hausmann mit geringfügiger Beschäftigung im Bildungsbereich die beiden gemeinsamen Kinder überwiegend erzogen hatte. Nach gerichtlichem Verfahren bekam die Mutter das Aufenthaltsbestimmungsrecht für die Kinder zugesprochen, weil Herr F. an depressiven Verstimmungszuständen litt, die sich unter der Trennung verschlimmert hatten. Die Mutter wurde allerdings verpflichtet, die bei den Umgangswochenenden entstehenden Fahrtkosten des Vaters zu tragen. Nach kurzer Zeit kamen beide Kinder nicht mehr mit dem Vater mit, wenn dieser sie abholen wollte. Bei den verhinderten Übergaben gab es an der Haustür lautstarke Konflikte zwischen den Eltern und der Vater klagte erneut. Das Familiengericht verwies die Eltern an die Erziehungsberatungsstelle zwecks Verbesserung ihrer Kommunikation. Hier wurde schnell deutlich, dass nur der Vater ein starkes Interesse an der Veränderung der

Situation hatte, während die Mutter mit dem konflikthaften Status Quo gut leben konnte. Zum Glück gelang es Frau M. nach einigen Terminen, die Perspektive der Kinder stärker in den Blick zu nehmen (statt ihre finanziellen Interessen und den Wunsch nach Abgrenzung) und Herrn F., die Fixierung auf sein familiengerichtlich festgestelltes Recht abzubauen zugunsten der Suche nach einer kindgerechteren Gestaltung der Übergabesituation.

Meist jedoch „lohnt“ sich das eskalative Konfliktverhalten für beide Seiten nicht, sondern ist Ausdruck von sehr unmittelbar wahrgenommenen Verletzungen, wie unser Fallbeispiel von Paul und Mareike zeigt:

Während einer der ersten Beratungssitzungen, als es um das von Paul eingebrachte Thema ging, wie die Beziehung gerettet werden könnte, die ihm sehr wichtig sei, eröffnete Mareike, dass sie frisch verliebt sei und den Mann auch in ihrer neuen Wohnung empfange. Paul realisierte in diesem Moment, dass die Paarbeziehung zu Ende war. Zwar war er tief gekränkt, aber vor allem fühlte er sich hintergangen und reagierte mit ungestümer Wut. Er schrie Mareike an, sie habe die Familie mit Füßen getreten und werde schon sehen, was sie davon habe. Er sprang auf und einen Moment lang sah es so aus, als wolle er körperliche Gewalt anwenden. Mareike, die zuvor ihr Geständnis in rationalem, wenn auch bedauerndem Tonfall vorgetragen hatte, geriet durch Pauls Ausbruch ebenfalls in einen Zustand heftiger Erregung. Wie sie im nachfolgenden Einzelgespräch erwähnte, wurde sie spontan an Gewalterfahrungen durch ihren sehr cholerischen Vater erinnert. Einen kurzen Moment zitterte sie am ganzen Körper, ging dann aber zum Angriff über und warf Paul in scharfem Tonfall zu, dass er wohl nun endlich sein wahres Gesicht zeige und ruhig zuhauen solle. Die Kollegin und ich hatten große Mühe, von den Eltern noch wahrgenommen zu werden. Letztlich halfen nur noch kurze und klare Stopp-Signale. Eine Rückkehr zu normalen Beratungsthemen war in dieser Sitzung nicht möglich, wir mussten sie beenden und luden beide Elternteile zu Einzelgesprächen ein.

Typischerweise erleben sich Elternteile, die miteinander in eskalative Spiralen geraten, als ohnmächtige Opfer jeweils des anderen, manchmal fühlen sie sich auch noch in der eigenen unmittelbaren Reaktion vom anderen gesteuert, z. B. ein Vater: *„Meine Ex bringt mich immer irgendwie dazu, dass ich ausraste, ich kann da gar nichts gegen machen!"*

5 Personzentriertes Erklärungsmodell elterlicher Konflikthaftigkeit

Dietrich et al. (2010) betonen, dass es trotz internationaler Forschung nach wie vor kein einheitliches Verständnis der verursachenden und aufrechterhaltenden Merkmale von Hochkonfliktfamilien gibt. Der folgende Entwurf eines personzentrierten Erklärungsmodells erhebt dementsprechend nicht den Anspruch, Konfliktursachen allgemeingültig zu beschreiben, sondern soll aus personzentrierter Perspektive ein Bedingungsgefüge skizzieren, welches in der Beratungspraxis das Verstehen der konkreten elterlichen Konfliktdynamik erleichtert. Demnach können wir elterliches Konfliktverhalten als Ausdruck des Zusammenspiels folgender Aspekte auffassen:

- *In der Biografie entstandene innerpsychische Inkongruenzen bei Elternteil 1 und 2:* Wie im Kapitel zur Störungstheorie des personzentrierten Ansatzes ausgeführt, kann die Offenheit des Selbstkonzeptes und der Beziehungskonzepte für neue Erfahrungen durch die im Kontakt mit (vor allem) frühen Bezugspersonen erworbenen Bewertungsbedingungen reduziert sein. Die Wahrnehmung bestimmter Erfahrungsbereiche wird dann gemäß der Bewertungsbedingungen abgewehrt, das Selbstkonzept wird starrer, unflexibler. Haltungen gegenüber dem anderen Elternteil sind dann unversöhnlicher, weil selbstkonzeptinkongruente neue Erfahrungen abgewehrt werden. Auch durch unzureichend integrierte emotionale Erinnerungen (vorsprachlich oder im Kontext traumatischer Dissoziation) wird der organismische Bewertungsprozess gestört (vgl. Lux, 2007, S. 95ff.; 2014, S. 4f.). Erinnerungen dieser Art sind nicht im Hippocampus, sondern nur in impliziten Gedächtnissystemen gespeichert, haben aber dennoch Auswirkungen auf das autonome Nervensystem (phänomenologisch wahrnehmbar z. B. als Kryptostress, Dauervigilanz, hohe Unmittelbarkeit in Affektwahrnehmung und -ausdruck).

- *Beiderseitige Bedürftigkeit*: Aus der biografischen Erfahrung mangelhafter oder nur an Bedingungen gebundener Wertschätzung bleiben grundsätzliche Bedürfnisse, v.a. nach positiver Beachtung unbefriedigt. Der (aktuelle) Wunsch nach Befriedigung der eigenen Bedürfnisse ist deutlich stärker als die Möglichkeit, sich resonant und empathisch auf die Erlebenswelt und die Bedürfnisse des/der anderen einzulassen. Bei einer beiderseitigen Bedürftigkeit führt dies auf Dauer zu einem chronischen Mangelerleben und verstärkter Ablehnung der Bedürfnisse der anderen Person.
- *Konflikte durch mangelnde Passung von Bedürfnissen*: Zum Beispiel fühlt sich der verlassene, anklammernde Elternteil vom Distanzierten mit deaktiviertem Bindungssystem bedroht, während dieser sich umgekehrt in seiner Autonomie durch den Bindungshunger des Anderen bedrängt fühlt. Die Eltern pendeln dann zwischen Verstrickung und Distanzierung, kommen jedoch nicht miteinander in einen klaren und resonanten Kontakt.
- *Viele sich verstärkende Sequenzen inkongruenter Kommunikation zwischen Partnern in Zeiten der Entfremdung, Krise und Trennung.* Wie weiter oben beschrieben, wirkt kommunikativer Ausdruck, der nicht dem organismischen Erleben entspricht, zunehmend verwirrend auf beide Kommunikationspartner und ist frustrierend, weil die „eigentlichen" kommunikativen Ziele (z. B. verstanden oder anerkannt zu werden), nicht erreicht werden können.
- Aus den Prozessen inkongruenter Kommunikation, in denen eine Bedürfnisbefriedigung ausbleibt, resultieren viele *Erfahrungen von Kränkung, Verletzung* und *Zurückweisung.*

- *Abwehr eigener Verantwortungsanteile am Zustandekommen von Konflikten.* Fragile Selbstkonzeptanteile (z. B. als „guter“ Partner oder Elternteil) werden geschützt vor Bedrohung, indem inkongruente organismische Bewertungen an der Gewahrwerdung gehindert werden (Selbstbehauptungstendenz) – zugunsten einer übergeneralisierenden oder sogar dämonisierenden Entwertung des anderen Elternteiles. Omer, Alon & von Schlippe (2007) beschreiben eindrücklich den Prozess der Dämonisierung als einen zunehmenden Verlust an Beziehungsvertrauen, der mit einer ängstlich-verdächtigenden Wahrnehmung des Anderen und entsprechenden Kognitionen über ihn einhergeht. Die entstehende, immer schlechter zu distanzierende Wirklichkeitskonstruktion wirkt als Sinnattraktor und neigt dazu, sich selbst zu verstärken, bis sie so verfestigt ist, dass abweichende Wahrnehmungen (z. B. ein freundlicher Blick, eine normale Stimmlage) nur noch als Beweis für die besondere Durchtriebenheit des anderen interpretiert werden.
  Das „Attraktive“ an einer derartigen dämonisierenden Beschreibung besteht in der einfachen und klaren Antwort auf die Frage nach der Herkunft des Leidens, dem man selbst ohnmächtig ausgeliefert ist: Es ist der „böse andere“, den man besiegen muss, damit man nicht mehr leidet.
- *Hohe Unmittelbarkeit im Erleben von Kränkung, Zurückweisung oder Angst.* Bedingt durch die Aktualisierung zurückliegender unbewältigter Konflikte aus der Partnerschaft wird eine aktuelle Kommunikationssituation, selbst wenn sie ursprünglich neutral oder sogar freundlich intendiert war, zu einem Trigger für überflutende Angst, Wut oder Ohnmachtsgefühle. Hohe affektive Unmittelbarkeit wird vor allem dann erlebt, wenn frühere, spezifisch auf den Ex-Partner bezogene oder auch unspezifische frühe Beziehungserfahrungen traumatisch verarbeitet, also in impliziten Gedächtnissystemen gespeichert wurden. Im Moment der Aktualisierung sind sie dann nicht oder kaum durch reflexive kortikale Prozesse regulierbar, die Elternteile fühlen sich ihnen „ausgeliefert“.

Abb. 4: Personzentriertes Erklärungsmodell Konfliktentstehung

Die auftretenden Konfliktphänomene in der Beratung können anhand dieses Modells als Äußerungsformen intrapsychischer und interpersoneller Inkongruenzanteile, die dazu neigen, sich gegenseitig zu verstärken, präziser verstanden werden:

Stehen dem gegenseitigen Verstehen vor allem starre Beziehungskonzepte entgegen? Ständige inkongruente, verwirrende Botschaften aufgrund ausgeprägter innerpsychischer Inkongruenz eines Elternteils oder beider Elternteile? Eine hohe emotionale Bedürftigkeit, verbunden mit vielen Beziehungserfahrungen von Bedürfnisfrustration? Oder ist es vor allem eine hohe Unmittelbarkeit im Erleben (sei es biografisch bedingt und persönlichkeitsnah oder durch Verletzungen aus der Zeit der Partnerschaft), die dann bei entsprechender Aktualisierung zu akuten Eskalationen führt?

Wir sind in der Beratung also neben der grundsätzlich konflikthaften Haltung mit entsprechend destruktiven Kommunikationsabläufen auch mit akuten eskalativen Reaktionen konfrontiert, bei denen Elternteile sich selbst nicht mehr steuern können und die reflexive Distanz zu den eigenen Affekten teilweise oder ganz verlieren.

Wie können wir diese getriggerten Reaktionsmuster aus dem personzentrierten Verständnismodell heraus erklären?

Stellen wir uns vor, in der Trennungsberatung geht es um ein klassisches Erziehungsthema, die Eltern versuchen sich z. B. darüber abzustimmen, wie viel Medienzeit für die achtjährige Tochter angemessen sei. Es handelt sich dabei also um einen Aspekt, der in einer normalen Situation bei den Beteiligten einen Elternkonzeptanteil aktualisieren würde, der z. B. bisherige Erfahrungen in der Regelsetzung gegenüber der Tochter, elterliche Werthaltungen in Bezug auf Medienkonsum und Freizeitverhalten usw. beinhalten könnte.

Unvermittelt zeigt bei einem Elternteil die primär emotionale Bewertung des impliziten emotionalen Gedächtnissystems eine Bedrohlichkeit der Situation an. Bei diesem Prozess spielt die Amygdala im limbischen System als Aktivator subkortikaler Reaktionsmuster eine herausragende Rolle, vgl. Lux, 2007, S. 54ff.

Die Ursache für die Bewertung einer Situation als bedrohlich wird der Person in der Regel in dem Moment gar nicht bewusst, weil sie aus *alten* belastenden oder sogar traumatischen Erfahrungen spezifischer oder unspezifischer Art herrührt. Als spezifische Erfahrungen bezeichne ich in diesem Zusammenhang frühere eskalierende Konflikte mit dem anderen Elternteil, die z. B. mit Erleben von Ohnmacht oder Gewalt verbunden waren.

Weniger spezifische Ursachen wären in diesem Zusammenhang frühe traumatische Stresssituationen, die in der Herkunftsfamilie z. B. durch die eigenen Eltern durch Reizüberflutung, Gewalteinwirkung, chronische Konfliktspannung etc. verursacht wurden, was eine dauerhaft erhöhte Reagibilität des psychovegetativen Aktivierungssystems in sozialen Situationen zur Folge hatte.

Je nach Stärke der Aktivierung geht die reflexive Distanz zum unmittelbaren Erleben teilweise oder vollständig verloren, da stresshormonbedingt die Funktion kortikaler Strukturen (z. B. des Hippocampus oder Präfrontalcortex) beeinträchtigt wird. So kann in diesem Moment nicht das eigentlich für die Bearbeitung des Erziehungsthemas funktionale Elternkonzept aktualisiert werden, sondern nach dem Prinzip der zustandsabhängigen Bahnung von Erinnerung nur Teile/Fragmente des spezifischen Paarkonzeptes (z. B. Konflikterfahrungen, -reaktionen bzgl. Ex-Partner/in) oder sogar Äußerungsformen der reinen „Kampf-Fluchtreaktion" ohne Beteiligung der Großhirnrinde.

Wenn der andere Elternteil in dieser Situation nicht am Thema orientiert weiter auf der Elternebene reagieren kann, sondern bei diesem ebenfalls alte Bedrohtheitsgefühle und Paarkonflikterfahrungen aktualisiert werden, kommt es zu einer eskalativen Spirale, die die Eltern in aller Regel aufgrund der emotionalen Unmittelbarkeit des akuten Stresserlebens und der verlorengegangenen reflexiven Distanz nicht selbst unterbrechen können. Im Abschnitt zur Intervention werden wir einige Möglichkeiten erörtern, wie wir mit diesen eskalativen Momenten in der Beratung umgehen können.

Auswirkungen von Konflikthaftigkeit auf die Kinder

Wie im Abschnitt zur psychischen Situation getrennter Eltern bereits erwähnt, hat elterliche Konflikthaftigkeit – gerade wenn sie über einen längeren Zeitraum besteht – erhebliche negative Auswirkungen auf die Entwicklung der beteiligten Kinder. Auch wenn in diesem Buch nicht ausführlich auf die Seite der Kinder eingegangen werden kann, so sollen im Folgenden doch einige besonders wichtige Aspekte benannt werden:

Durch die kognitiv-emotionale Fokussierung auf die Auseinandersetzung mit dem anderen Elternteil können (hoch) strittige Eltern die Bedürfnisse ihrer Kinder in der Regel nicht mehr ausreichend resonant wahrnehmen. Dies bezieht sich nicht nur auf Bindungsbedürfnisse, die Kinder gegenüber dem jeweils anderen Elternteil haben, sondern die gesamte einfühlsame Wahrnehmung der kindlichen Situation ist gewöhnlich beeinträchtigt.

Die Quantität der resonanten Beziehungsaufnahme ist verringert, wenn Eltern viel Zeit für ihren Konflikt benötigen, zum Beispiel, weil Bekannte, Verwandte, Anwälte und das professionelle Helfersystem fortgesetzt mit Informationen über die Schlechtigkeit des anderen versorgt und weitere Beweise für die erzieherische Unfähigkeit und moralische Zweifelhaftigkeit gesammelt werden.

Vor allem aber leidet die Qualität der Beziehungsresonanz, weil es gerade höher strittigen Elternteilen nicht mehr auffällt, wenn sie ihre Kinder für die eigene Seite im Konflikt instrumentalisieren. Indirekt zum Beispiel dadurch, dass eine höherwertige Erziehungsfähigkeit durch ständiges „Helikoptern" oder Organisieren kindlicher Freizeit nachgewiesen wird, oder auch ganz direkt, indem ihre Kinder über die „Verfehlungen" des anderen Elternteiles immer wieder auf dem Laufenden gehalten werden.

Die Kinder geraten unter massiven Druck durch die Loyalitätserwartungen. Zusätzlich überträgt sich die dauernd angespannte Stimmung der Elternteile an sich auf die Kinder. Grundsätzlich lösen die widerstreitenden Loyalitätserwartungen im Kind innerpsychische Inkongruenzen aus, z. B.:

- durch den Widerspruch zwischen den organismischen Bedürfnissen und Erfahrungen *gegenüber einem* Elternteil und den durch die Loyalitätsbindung *an den anderen* Elternteil introjizierten Beziehungskonzeptanteile (z. B. Marvin, 8 Jahre „will" nicht mehr zum Vater, weil dieser „böse" ist, gleichzeitig berichtet er begeistert von Unternehmungen, die er mit seinem Vater erlebt hat).
- durch den Widerspruch zwischen organismischer Erfahrung und den durch die Loyalitätsbindung introjizierten Beziehungskonzeptanteile gegenüber *einem* Elternteil, z. B. Mangelgefühle (Gefühle von Unverstanden sein, mangelnder Nähe) gegenüber Papa müssen abgewehrt werden, weil „Papa der Tollste ist".
- durch die unverbundenen Selbst- und Beziehungskonzeptanteile (Lisa, 10 J.: „Bei Papa habe ich mein Papa-Ich: Ich

bin Fußballfan und eine gute Köchin, mache lange Radtouren – bei Mama habe ich mein Mama-Ich, bin eine fleißige Schülerin, kuschelig und schaue gerne Fernsehen“) wird das Selbstkohärenzerleben beim Übergang von einer Lebenswelt in die andere ständig erschüttert; entsprechende organismische Bewertungen müssen an der Gewahrwerdung gehindert werden. Die Entwicklung eines stabilen Identitätsgefühls ist massiv erschwert.

Je stärker der Loyalitätsdruck, der auf einem Kind lastet, umso schwerwiegender die psychische Notlage, auf die es je nach Umständen der Trennung und persönlicher Ressourcen mit unterschiedlichen Strategien reagiert (vgl. z. B. Wallerstein et al., 2002; Dietrich et al, 2010).

So treffen wir sowohl auf Kinder, die mit externalisierenden (z. B. Aggressivität, Impulsivität, Konflikte in Sozialkontakten) oder internalisierenden Verhaltensweisen (z. B. Ängstlichkeit, Depressivität, sozialer Rückzug, Schulabsentismus etc.) reagieren und andere, die scheinbar unbeschwert sind und versuchen auf ihre Eltern vermittelnd einzuwirken. Letztere geraten bei den streitenden Eltern in ihren Gefährdungen und Bedürfnissen besonders leicht aus dem Blick.

Von daher ist die erstaunlich häufige Einschätzung von Eltern(-teilen) in der Beratung, dass es den Kindern gut geht bzw. dass sie mit der Trennung gut zurechtkommen, mit Vorsicht zu bewerten. Zusätzlich zum konfliktbedingt eingeschränkten elterlichen Einfühlungsvermögen ist es für Eltern eben auch aufgrund des häufig (über-)angepassten Verhaltens ihrer Kinder schwer, Entwicklungsrisiken zu erkennen.

Paul & Dietrich (2006) kategorisieren die Effekte langanhaltender Elternkonflikte auf die kindliche Entwicklung in drei Dimensionen:

- *Individuelle Folgen*: Externalisierende und internalisierende Verhaltensprobleme, Probleme bei der Emotionsregulation, inadäquates Copingverhalten und geringeres Selbstwertgefühl und Selbstwirksamkeitserleben.

- *Beeinträchtigung der Qualität der Eltern-Kind-Beziehung*: Vermehrte negative Interaktionen, Parentifizierung, Loyalitätskonflikte und unsicheres Bindungsverhalten.
- *Außerfamiliäre Folgen*: Auffälliges Sozialverhalten und Schwierigkeiten in der Beziehungsgestaltung mit Gleichaltrigen, sowie im Durchschnitt geringere schulische Leistungsfähigkeit oder schulvermeidendes Verhalten.

Selbstverständlich ist die tatsächliche individuelle Bewältigung von Trennungsfolgen neben dem Niveau elterlicher Konflikthaftigkeit von den jeweiligen kindlichen Ressourcen und der Verfügbarkeit von Unterstützungssystemen abhängig. Neben dem erhöhten Risiko für Entwicklungsgefährdungen ist es auch wichtig zu sehen, wie kreativ und resilient viele Kinder mit der Trennungssituation umgehen, welche Kompetenzen und wie viel Verantwortungsgefühl sie (zwangsläufig) entwickeln (vgl. Götting, 2013).

In der Kindschaftsrechtsreform wird die Subjektstellung des Kindes betont, das als Träger eigener Rechte „angemessen zu beteiligen ist". Juristisch betrachtet ist das Kind nicht nur Opfer der elterlichen Entscheidungen, sondern ist in seinen Meinungen, Bedürfnissen und Interessen angemessen zu berücksichtigen. Dies ist ein wichtiges Anliegen, welches durch die Einsetzung von Verfahrensbeiständen (vgl. FamFG §158) gesichert werden soll.

Gleichzeitig eröffnet sich Eltern – vor allem dem „mächtigeren" Elternteil, meist derjenige, der das Kind hauptsächlich betreut – vor der familiengerichtlichen Anhörung durch die höhere Gewichtung kindlicher Aussagen auch ein neues Feld der Instrumentalisierung des „Kindeswillens" als Argumentationshilfe für die eigene Position.

Kinder im Trennungskonflikt sind in ihrer Willensbildung leider nicht frei! Den Wert ihrer Aussagen ausschließlich entsprechend des kognitiven Entwicklungsalters einzuschätzen, wäre von daher ein fataler Fehlschluss, wie Alberstötter (2013a, S. 117ff.) treffend ausführt. Gerade jüngere Kinder suchen „vermehrt nach Sicherheit angesichts einer unsicher gewordenen

Familienwelt“ und klammern sich mit aktiviertem Bindungssystem vor allem an den hauptsächlich betreuenden Elternteil, von dem es sich existentiell abhängig fühlt (S. 122). In dem Gefühl, sich im zugespitzten Konflikt für die Position eines Elternteiles und damit gegen den anderen „entscheiden“ zu müssen, geraten sie in eine psychische Notlage.

Jüngere Kinder bewältigen diese häufig nur dadurch, dass sie ihre Bindungswünsche an den anderen Elternteil abwehren und sich umso mehr auf die Seite des hauptsächlich Betreuenden schlagen, während Kinder in der Pubertät im besten Fall – auch durch Unterstützung aus der Peergroup – eine eigenständige Position entwickeln, aus der heraus sie beide Elternteile mit ihrem Instrumentalisierungsverhalten konfrontieren können.

Die größte Entlastung erfahren Kinder aller Altersstufen dadurch, wenn Eltern ihre Konflikte zugunsten der ihnen in §6 GG aufgetragenen Rechte und Pflichten bzgl. der Pflege und Erziehung ihrer Kinder aufgeben und wieder zu „Architekten der Familie“ (Satir, 1994) werden können.

6 Eine personzentrierte Konzeption von Trennungsberatung

Neuere personzentrierte Veröffentlichungen zur Therapie und Beratung mit mehreren Personen (vgl. z. B. Linster, 2000; Gaylin, 2002, 2014; O'Leary, 2012; Hollick et al., 2018) stimmen trotz unterschiedlicher Akzentuierungen ganz überwiegend darin überein, dass die Aufmerksamkeit von Therapeut/in bzw. Berater/in sowohl den einzelnen Personen und deren Inkongruenzen als auch der Beziehung der Personen untereinander mit ihren interpersonellen Inkongruenzen, also den Widersprüchlichkeiten, Missverständnissen und Konflikten gelten muss.

Die von Rogers (1957) formulierten Bedingungen für den einzelpsychotherapeutischen Prozess sind von verschiedenen Autoren für die Arbeit mit Familien oder Paaren in adaptierter Form beschrieben worden (Auckenthaler, 1983; Gaylin, 2002; O'Leary, 2014). Ich postuliere, dass sie im Wesentlichen auch für die Trennungsberatung (hoch) strittiger Eltern gelten, wenn sie an die spezifischen Herausforderungen angepasst werden, die sich etwa durch Konflikthaftigkeit, mangelnde eigene Motivation zur Beratung usw. ergeben:

1 Die Beraterperson ist zu beiden Elternteilen in einem „psychologischen Kontakt", das heißt, sie schafft eine vertrauensvolle, offene Gesprächsatmosphäre, in der sie gleichermaßen emotional resonant auf beide Elternteile eingeht. Sie bringt ihnen Respekt dafür entgegen, dass sie gekommen sind und gesteht ihnen zu, gute Eltern sein und eine Verbesserung der Situation erreichen zu wollen, auch wenn sich die Eltern vielleicht zunächst noch nicht vorstellen können, dass das Beratungsangebot dazu beitragen kann. Dieser wertschätzende, schutzbietende Beziehungsraum ist die Voraussetzung dafür, dass die Eltern(-teile) neue Erlebens- und Denkweisen zulassen und mitteilen können. Die Beraterperson muss deutlich strukturierter vorgehen als in der Einzelbegleitung, damit es für beide Elternteile gleichermaßen möglich ist, ihre Bedürfnisse und Anliegen einbringen zu können. Das bedeutet, dass sie im Rahmen einer grundsätzlich positiv zugewandten Haltung beiden gegenüber eine Balance finden muss zwischen einer „Atmosphäre des Erlaubens", innerhalb der sich beide Seiten unterstützt fühlen in ihrem „So-sein" (z. B. zurückhaltend oder redefreudig) und einer transparent kommunizierten, klaren Begrenzung von Verhaltensweisen, die den Erfahrungs- oder Mitteilungsraum des anderen gefährden (z. B. bei dominantem Verhalten wie Unterbrechen, Entwerten, Beschuldigen). Wir werden im Kapitel zur Intervention näher darauf eingehen.

Während das Beziehungsangebot der Beraterinnen und Berater an die Eltern idealerweise von Beginn an erlebbar ist, werden die Elternteile sich untereinander gewöhnlich zunächst wenig Wertschätzung entgegenbringen. Dies ist am Anfang einer Beratung auch nicht notwendig, jedoch ist es wichtig, dass die Elternteile zumindest minimal offen sind für eine Erweiterung ihrer Erfahrungen auf der elterlichen Ebene (also für die Arbeit am gemeinsamen Elternkonzept). Das könnte sich ausdrücken zum Beispiel in einer veränderten Haltung zueinander oder darin, sich mit den Themen und Ansichten des jeweils anderen beschäftigen zu können, ohne sie sofort abzulehnen.

Entscheidend für den weiteren Beratungsprozess ist also erstens, dass beide Elternteile die emotional resonante Kontaktaufnahme des Beraters oder der Beraterin im Rahmen des Trennungsberatungsangebotes zumindest ansatzweise wahrnehmen und annehmen können. Zweitens ist es notwendig, dass beide Elternteile den Beratungsraum im Verlauf der Gespräche mindestens in Teilen als unterstützend für die konstruktive Reorganisation der Elternebene zugunsten ihrer gemeinsamen Kinder begreifen können.

In eskalativen Konfliktmomenten können diese Bedingungen zeitweise nicht gegeben sein. Personzentriert vorzugehen, bedeutet in diesem Moment, Eltern in ihrem Konfliktverhalten zu unterbrechen (z. B. durch Stopp-Signale, Übernahme der Gesprächsführung, Verlangsamung) und durch eine möglichst optimale Balance zwischen klarer Strukturgebung, Konfrontation mit dem Konfliktverhalten und der Wertschätzung beider Personen die Bedingungen dafür zu schaffen, dass sich die Eltern beruhigen können und ausreichend sicher fühlen, um wieder neue Erfahrungen zulassen zu können.

Wenn sich Eltern dauerhaft in Konfliktstufe 3 im Kriegsmodus gegeneinander befinden mit der Zielsetzung, dem anderen (emotional) zu schaden, wird dies in der personzentrierten Beratung schnell transparent benannt und es wird die Einladung zu Einzelgesprächen ausgesprochen, um sich dort mit der Entstehung der eigenen Feindseligkeit beschäftigen zu können. Wenn sich Elternteile darauf einlassen, gelingt es manchmal, die tiefen Verletzungen besprechbar zu machen, die hinter dem destruktiven Konfliktverhalten in der Gewahrwerdung auftauchen können.

Wenn Eltern dagegen keine Bereitschaft entwickeln können, Verantwortung für ihr Konfliktverhalten zu übernehmen, sondern weiterhin die Beratung für die Zielsetzung benutzen, dem anderen zu schaden, sind die Voraussetzungen für personzentrierte Trennungsberatung nicht gegeben. Gegebenenfalls müssen die zur Sicherstellung des Kindeswohles nötigen Regelungen z. B. durch das Familiengericht verfügt werden. Im Abschnitt zur Diagnostik wird ein Ansatz vorgestellt, der die Einschätzung elterlicher Funktionalität und Beratungskompatibilität erleichtert.

Die weiteren Bedingungen für konstruktive Veränderungsprozesse von Eltern in der Trennungsberatung sind strenggenommen nur Erläuterungen bzw. Präzisierungen des personzentrierten Beziehungsangebotes:

2 Eltern sind mit sich selbst und/oder mit dem anderen Elternteil inkongruent. Trennungsberatung wird nur dann für Eltern eine Unterstützung sein, wenn diese in sich selbst oder gegenüber dem anderen Elternteil Zustände von Spannung, Unvereinbarkeit, Unzufriedenheit etc. erleben, die mehr oder weniger schwer auszuhalten sind und nach Veränderung bzw. Auflösung drängen. Bei Eltern, die sich mit eigenem Anliegen zur Beratung anmelden ist diese Bedingung in aller Regel gegeben. Eltern, die in die Beratung geschickt werden, leiden ebenfalls häufig unter Inkongruenz; die Motive, mit denen sie in der Beratung erscheinen, sind allerdings nicht unbedingt von Beginn an mit dem Beratungsangebot kompatibel.

3 Berater und Beraterinnen sind in ihrem Erleben gegenüber den Eltern kongruent, d.h. sie können sich ihres Erlebens in Bezug auf die Elternteile und deren Elternbeziehung bewusst werden. Dies gilt auch und insbesondere, wenn Beraterinnen und Berater wahrnehmen, dass sie gegenüber einem Elternteil voreingenommen sind oder Irritationen haben.

Hier geht es nicht darum, den Anspruch an sich zu haben, in jeder Situation die genaue Balance in der Wertschätzung zu halten, sondern frühzeitig zu bemerken, wenn sie verlorengeht. Meist hilft es bereits, die eigene Werthaltung wahrzunehmen, um sich wieder dem entsprechenden Elternteil zuwenden zu können.

O'Leary (2014) betont den Wert der „Nicht-Defensivität" in der personzentrierten Arbeit; nicht-defensive Beraterinnen und

Berater können Kritik und Widerspruch als Anzeichen dafür anerkennen, dass der geschaffene Beziehungsraum es Klienten oder Klientinnen ermöglicht, zu eigenen Gefühlen und Angelegenheiten zu stehen, was eine weitere kongruente Auseinandersetzung mit dem Geäußerten ermöglicht.

Ein Vater beispielsweise:

„Ich finde das ätzend, dass hier meine Ex schon wieder so viel Raum bekommt. Eigentlich sollten Sie doch beide gleich viel zu Wort kommen lassen, oder?"

Berater: „Ich bin froh, dass Sie das ansprechen. Ich hatte mich gerade gefragt, ob Sie sich von mir noch ausreichend gesehen fühlen, weil ich in den letzten Minuten vor allem Ihrer Exfrau Aufmerksamkeit gegeben habe."

In der personzentrierten Haltung brauchen wir uns nicht zu verteidigen oder auf unseren Status als Fachkraft zu verweisen, sondern versuchen resonant für die Gefühle aller Anwesenden – inklusive uns selbst – zu bleiben.

4 Berater und Beraterinnen sind den Eltern als Personen gegenüber unbedingt zugewandt. Sie bringen ihnen Wertschätzung für die jeweiligen Perspektiven und Versuche der Situationsbewältigung entgegen, selbst wenn diese sich destruktiv und sinnlos für die Elternteile anfühlen oder sie aktuell im Beratungsprozess wenig günstig zu sein scheinen.

In der Trennungsberatung ist unbedingte Wertschätzung aller beteiligten Personen die Voraussetzung dafür, dass diese aufhören können, sich und ihr (Konflikt-)Verhalten fortgesetzt zu verteidigen. Stattdessen wird es möglich, sich den eigenen Gefühlen der Verletzung und Zurückweisung zuzuwenden und auch die Beweggründe des anderen hören zu können.

Wenn sich Eltern in der Trennungsberatung über den Entwicklungsprozess ihrer Konfliktdynamik austauschen können statt ausschließlich aus ihrem eigenen Bezugssystem heraus zu (re-)agieren, ist erfahrungsgemäß der Boden für eine konstruktive Verhandlungsatmosphäre geebnet, aus der recht schnell tragfähige Absprachen über die Ausgestaltung der zukünftigen Elternschaft erwachsen können.

5 Beraterinnen und Berater fühlen sich möglichst gleichgewichtig in die aktuellen Erlebensanteile beider Eltern ein und bemühen sich um ein Verstehen aus deren inneren Bezugsrahmen heraus. In der Trennungsberatung gilt die Empathie auch der derzeitigen Atmosphäre zwischen den Eltern. Hier ist es sehr wichtig, auch die aktuellen Bedürfnisse nach Schutz und emotionaler Distanzierung wahrzunehmen.

In gemeinsamen Elterngesprächen können die in der Dynamik der (konflikthaften) Beziehung entstehenden Gefühle nur dann verbalisiert werden, wenn von beiden Elternteilen zuvor die Erlaubnis eingeholt wurde, beide Eltern sich gleichermaßen gesehen fühlen können und durch die emotionale Kommunikation nicht im Nachhinein das Gefühl entsteht, angreifbarer zu werden. Der Wechsel in den geschützteren Einzelgesprächsrahmen ermöglicht es meist den Elternteilen eher, sich mit Verletzungen aus der Beziehungsgeschichte und den daraus entstehenden sekundären Gefühlen wie Misstrauen, Angst, Ärger etc. zu beschäftigen.

Die Zielsetzung, das wechselseitige Verstehen der Eltern zu unterstützen, kann sich nicht wie in der Paarberatung in erster Linie auf das beiderseitige emotionale Verstehen richten. Für die Entwicklung einer tragfähigen Elternebene (z. B. konstruktive Absprachen über Erziehungsfragen, Termine der Kinder usw.) ist gewöhnlich eine gegenseitige verständnisvolle Akzeptanz der jeweiligen Interessen und Bedürfnisse im Vordergrund.

6 Elternteile in der Trennungsberatung brauchen angesichts der vielfältigen Gefühle, die beim Aufeinandertreffen mit dem anderen Elternteil aktualisiert werden, die Sicherheit, dass die Berater und Beraterinnen ihm bzw. ihr genauso wertschätzend und empathisch begegnen, wie sie das vielleicht in der Kommunikation des Beraters oder der Beraterin mit dem Ex-Partner bzw. der Ex-Partnerin wahrnehmen.

Der Wunsch von Elternteilen, dass ihre eigene Position, ihr

eigenes Verhalten von den Beratungskräften unterstützt wird, hält sich oft die Waage mit der Sorge, es könnte die Sichtweise der anderen Seite favorisiert werden.

Voraussetzung ist, dass die Eltern die personzentrierte Haltung in der Beratung zumindest in Ansätzen wahrnehmen können. Hierzu ist es wichtig, die Eltern transparent über den Rahmen, die Regeln, die möglichen Zielsetzungen und Prozesse in der Beratung genauso aufzuklären wie über das Vorgehen der Beraterinnen und Berater. Diese können am Ende der Sitzung die Eltern anregen, darüber nachzudenken, was sie miteinander erreicht haben, was ihnen gefehlt hat und welche Gefühle sie in Bezug auf den Beratungsprozess haben (z. B. wie sie sich begleitet gefühlt haben).

Konfliktangepasstes Vorgehen in der prozessorientiert-personzentrierten Trennungsberatung

Wie in der Beschreibung der ersten Bedingung bereits anklingt, umfasst das personzentrierte Beziehungsangebot in der Arbeit mit getrennten Eltern auch eine genaue Einfühlung in die aktuellen elterlichen Struktur- und Sicherheitsbedürfnisse.

Während es für Eltern(-teile) über den gesamten Verlauf der Beratung sehr wichtig ist, sich beschützt und sicher zu fühlen, damit sie angstfrei Interessen, Bedürfnisse und Optionen äußern können, brauchen sie auch eine präsente und konsequente Begrenzung in den Momenten, wo sie im Zustand der Übererregung „den Kopf“ (also ihre reflexive Distanz) verlieren und nicht mehr am aktuellen Thema arbeiten können.

Wie beschrieben, haben neuronal betrachtet in diesem Augenblick die subkortikalen emotionalen Zentren im Gehirn das Ruder übernommen und werden nicht mehr (ausreichend) von der Großhirnrinde reguliert. Auch eine Speicherung von Informationen ist in diesem neuronalen Zustand nicht möglich, so dass eine Fortsetzung des Streitgesprächs kontraproduktiv wäre – der Streit eskaliert.

Personzentriert-prozessorientiere Beraterinnen und Berater intervenieren in diesem Augenblick aktiv regulierend: Eskalatives Streitverhalten oberhalb der Regulationsschwelle wird konsequent gestoppt (z. B. durch ein deutlich vernehmbares „Stopp“ etc.), gefolgt von sofortiger Rückmeldung (z. B.: „Sie wirken außer sich…können Sie hören, was ich gerade sage?“) und psychovegetativen Regulationsangeboten (z. B.: „Atmen Sie langsam durch die Nase aus, legen Sie dabei eine Hand auf den Bauch…“). Erst wenn beide Elternteile soweit zur Ruhe gekommen sind, dass ihre Großhirnrinde wieder einsatzfähig ist, können sie weiter am vorherigen Thema arbeiten oder sich über die Auslöser für die Konfliktattacke austauschen.

Die an die aktuelle elterliche Konflikthaftigkeit angepassten Strukturinterventionen schaffen Sicherheit und optimales Vertrauen in die Möglichkeit fairer Absprachen und Ergebnisse.

Während eine mangelnde Strukturgebung die Gefahr der Konflikteskalation deutlich erhöht, kann sich eine Überstrukturierung (z. B. rigide Gesprächsregeln) bei gegebenen eigenen kommunikativen Kompetenzen der Eltern ebenfalls ungünstig auswirken. Sie löst Abwehr gerade bei jenen (kooperativen) Eltern aus, bei denen die Trennung mit signifikantem Kontrollverlusterleben verbunden war und die aktuell auf dem Weg sind, neues Vertrauen in selbstregulative Kompetenzen und Autonomiebedürfnisse zu entwickeln.

Generell gilt: Je konflikthafter die Elternteile aktuell sind, umso mehr Strukturierung durch die Beraterpersonen ist erforderlich (z. B. Gesprächsführung mit Elternteil 1 und 2 statt Moderation des Gespräches der Eltern untereinander; gegebenenfalls Veränderung des Settings usw.). Im Kapitel zur Intervention wird mit konkreten Beispielen dieses Vorgehen näher erläutert.

Personzentrierte Beratung als selbst-bewusstes Angebot im interprofessionellen System

Manchmal unterscheiden sich Eltern, die in einem Zwangskontext also z. B. nach familiengerichtlicher Verweisung oder im Rahmen eines Schutzplanverfahrens zur Abwendung von Kindeswohlgefährdung Trennungsberatung aufsuchen, erheblich von den selbstmotivierten Klientinnen und Klienten, die wir aus anderen Bereichen der Beratung kennen.

Sie wirken misstrauisch, ängstlich oder aggressiv angesichts der Beratungssituation und verhalten sich dementsprechend abwartend oder drücken sich nebulös aus. Manchmal scheinen sie den Kontakt zu den Beratungskräften hauptsächlich als Möglichkeit nutzen zu wollen, sich über den anderen Elternteil oder über das Hilfesystem zu beschweren. Wie können wir auch mit diesen „geschickten" Eltern in eine gelingende Beratungsbeziehung kommen?

Personzentrierte Berater und Beraterinnen begegnen auch diesen Menschen mit der Haltung unbedingter Wertschätzung und versuchen in einem ersten Einzelgespräch einfühlend zu verstehen, was die abwehrenden Gefühle gegenüber der Beratungssituation ausmacht. Sind es Ängste oder andere Vorbehalte angesichts der Vorstellung, möglicherweise die eigenen Gefühle und privaten Lebensverhältnisse einer fremden Person mitteilen zu sollen? Oder ist es der Zwangskontext der Verweisung, der das Misstrauen gegenüber der Beratung ausmacht, also die Sorge, an Selbstbestimmung zu verlieren und bewertet zu werden? Vielleicht ist es auch in erster Linie die Vorstellung, mit dem anderen Elternteil zusammenkommen zu müssen, die unangenehm ist?

Wenn Elternteile fremdmotiviert gekommen sind, ist es wichtig, dies schon im ersten Kontakt wertschätzend anzusprechen und der Tatsache, dass sie trotzdem erschienen sind, Respekt entgegenzubringen.

Personzentrierte Trennungsberatung ist ein Baustein innerhalb des koordinierten professionellen Helfersystems, gleichzeitig ist es für die Entwicklung der Beratungsbeziehung notwendig, von Beginn an klar zu anzusprechen, was das Charakteristische des personzentrierten Beratungsangebotes ist, worin es sich also zum Beispiel von der Arbeit des Allgemeinen Sozialdienstes in der Mitwirkung nach §50 SGB VIII oder einem familiengerichtlichen Verfahren unterscheidet.

Einerseits ist es also wichtig, Transparenz über die Art der interprofessionellen Kooperation und den Regeln der Schweigepflicht herzustellen – vgl. den Abschnitt hierzu im Kapitel zur Intervention. Anderseits kann es sinnvoll sein, auch die Grenzlinien zwischen der Beratung und den anderen Institutionen zu markieren. In der personzentrierten Beratung kann „etwas Neues passieren“, die Haltung der Beraterinnen und Berater schafft Raum für Entwicklung und Verständigung; dagegen läuft elterliches Bemühen „Recht“ zu haben, zu werten oder zu generalisieren ins Leere.

Dies spiegelt sich auch in der Sprache wider, vielen Eltern gehen objektivierende, entdifferenzierende Begriffe oder solche aus dem juristischen Sprachgebrauch leicht über die Lippen. Im professionellen Diskurs wird gewöhnlich das von außen sichtbare (Symptom-)Verhalten, also z. B. die Art und Weise wie Eltern miteinander umgehen (z. B. „hochkonflikthaft“) benannt. In der personzentrierten Beratung dagegen ist die Sprache näher an der subjektiven Erfahrungswelt verortet, auf Prozesse eher als auf Eigenschaften und auf das Gemeinsame statt auf Gegnerschaft ausgerichtet. Die folgende tabellarische Aufstellung soll dies beispielhaft verdeutlichen:

Sprachbeispiele in der personzentrierten Beratung

Juristische, wertende oder entdifferenzierende Sprachbeispiele	Sprachbeispiele in der personzentrierten Beratung
Hochkonflikthaft, Streitverhalten	Je nach aktueller Erfahrung: „Sehr verletzt, sehr gekränkt, sehr erregt, sehr zornig etc.“
Sorgerecht	Nach aktueller Befindlichkeit, z. B.: „Bedürfnis, fürsorglich zu sein; Bedürfnis, Vater/Mutter zu sein, als Papa/Mama wichtig/hilfreich/unterstützend zu sein“
Umgang, Umgangsrecht	Vereinbarung über Betreuung(-szeiten); Bedürfnis, Anteil an der Betreuung zu haben, Zeit für die Beziehung haben, Zeit des Zusammenseins
Kindsvater, Kindsmutter	Vater, Mutter, Mama, Papa, Elternteil, Bindungsperson
Kindesunterhalt	Finanzielle Fürsorge, finanziell fürsorglich

Verpflichtung	Elterliches Verantwortungsgefühl
Wahrheit – Lüge, richtig – falsch	Wahrnehmung, z. B.: „Für Sie ist es xy… und Sie nehmen es yz wahr“
Alles – nichts, immer – nie	Konkret differenzierende Sprache, z. B.: „Dieses gelingt, jenes fühlt sich mühsam an“
Schlechter Vater, schlechte Mutter	z. B.: „Da haben Sie beim anderen…vermisst. Sie fühlten sich im Stich gelassen. Das hat Sie zornig auf sie/ihn gemacht…Sie sorgen sich um…“
Hinwirken auf Einvernehmen (§156 FamFG)	Begleitung der Eltern, sich wieder mehr vertrauen zu können; Begleitung der Eltern, so weit zusammenarbeiten zu können, wie sie sich vertrauen

Praxis personzentrierter Trennungsberatung: Diagnostik und Intervention

7 Allgemeine Zielsetzungen von Trennungsberatung

Zunächst ist im SGBVIII, § 17, der Anspruch von Eltern gesetzlich festgeschrieben, Beratung in Fragen der Partnerschaft, Trennung und Scheidung im Rahmen der Jugendhilfe zu bekommen, wenn sie für ein Kind oder Jugendlichen zu sorgen haben oder tatsächlich sorgen. Obwohl im Gesetzestext keine Zielsetzung explizit benannt wird, ist dennoch klar, dass die Beratung der Verbesserung der Bedingungen für gesundes Aufwachsen von Kindern und Jugendlichen dienen soll.

Das FamFG, § 156, Absatz 2 legt fest, dass Familiengerichte auf die Möglichkeiten der Beratung durch Beratungseinrichtungen der Jugendhilfe in geeigneten Fällen „insbesondere zur Entwicklung eines einvernehmlichen Konzeptes für die Wahrnehmung der elterlichen Sorge und der elterlichen Verantwortung“ hinweisen.

Allgemeine psychologische Zielsetzung ist, dass Eltern in der Trennungsberatung ihre Elternbeziehung klären und gestalten können. Dazu kann die Beschäftigung mit den unangenehmen Konflikterfahrungen als Paar in der Krise und Trennung genauso gehören wie auch die Besinnung auf eigene und gemeinsame Stärken und Entwicklungsmöglichkeiten.

Häufig geht es darum, so weit wie möglich *Vertrauen* auf dem Feld der Elternschaft wieder aufzubauen, das durch Erfahrungen in der Partnerschaft und durch die Trennung verlorengegangen ist. Um der anderen Seite als Elternteil wieder ein gewisses Maß an Vertrauen entgegenbringen zu können, ist es in der Regel notwendig, dass sich die Elternteile mit den eigenen, in der Zeit der Partnerschaft und Trennung erlebten Verletzungen soweit beschäftigt haben, dass sie nicht mehr aus dem Gefühl unmittelbarer

Kränkung heraus agieren, sondern diese Emotionen mindestens ansatzweise reflektieren und versprachlichen können.

Dieser Prozess kann nicht in gemeinsamen Elterngesprächen stattfinden, sondern macht oftmals eine Phase der Einzelarbeit nötig – im Rahmen der Trennungsberatung oder auch unabhängig davon.

Bestandteil der gemeinsamen Trennungsberatung kann dann wieder die Würdigung von kleinen Schritten in der Vertrauensbildung sein. Eltern brauchen Unterstützung dabei, zu guten *Vereinbarungen* zu kommen, um das Leben für die gemeinsamen Kinder in der veränderten Lebenssituation neu zu strukturieren. Es geht in der Beratung aber auch um *Verabredungen zur Kommunikation*, die perspektivisch einen unbegleiteten Informationsaustausch und eine Klärung von Erziehungsfragen ermöglichen (vgl. Främbs, Ritzenhoff & Weber, 2020, S. 158).

Im Speziellen kommt es darauf an, die jeweilige elterliche Funktionalität zu kennen, um Eltern angemessen darin zu begleiten, das Ausmaß der Kooperation zu finden welches zu ihnen passt. Eltern, die dazu neigen, sich bereits bei kleineren Erziehungsthemen exzessiv zu streiten, brauchen mehr Abstand voneinander und eindeutige Regelungen, die es ermöglichen, den Kontakt auf ein Minimum zu reduzieren.

Das Ideal einer kooperativen Elternschaft ist bei vielen sehr zerstrittenen Eltern eine ungeeignete Lösungsfigur. Vielmehr kann eine gelingende parallele Elternschaft zu einer sehr sinnvollen Zielsetzung im Beratungsprozess werden, wenn dies begründeter Maßen geschieht. Hierfür ist die Diagnostik der elterlichen Funktionalität von fundamentaler Bedeutung.

8 Diagnostik elterlicher Funktionalität

Das Konzept der Diagnostik elterlicher Funktionalität (vgl. Weber & Ritzenhoff, 2018; Främbs, Ritzenhoff & Weber, 2020) ermöglicht es, die Art und Weise des elterlichen Miteinanderumgehens, aber auch die Qualität der elterlichen Wahrnehmung der Bedürfnisse ihrer Kinder in Bezug auf die Trennungssituation differenzierter einzuschätzen. Der Begriff „elterliche Funktionalität“ klingt zunächst recht technisch, hat jedoch den Vorteil, dass sowohl die Entwicklungsmöglichkeiten im Beratungsprozess als auch der positive Pol einer theoretisch vollständigen Ausprägung (wie bei der Konzeption der „fully functioning person“; Rogers, 1959, S. 59f.) beschreibbar werden und nicht ausschließlich eine defizitorientierte Perspektive, wie z. B. bei „Konflikthaftigkeit“, eingenommen werden muss.

Insofern verstehen wir elterliche Funktionalität als einen Kanon von Möglichkeiten und Fähigkeiten, der selbstbezogene (z. B. Wahrnehmung und Regulation eigener Gefühle) wie beziehungsbezogene (z. B. Gestaltung von Kommunikation, Wahrnehmung kindlicher Bedürfnisse, Erziehungsverhalten) Kompetenzen umfasst.

Teilweise werden Elternfunktionalitätsaspekte in der Beratung direkt sichtbar (z. B. wie reden die Eltern miteinander? Wie gehen sie mit ihren eigenen und den Gefühlen des anderen um?), andere können erfragt oder aus Berichten über den Erziehungsalltag erschlossen werden (z. B. Wie resonant nehmen die Elternteile die unterschiedlichen kindlichen Bedürfnisse wahr und wie beantworteten sie sie?).

Die Ausrichtung der Diagnostik ist keine wissenschaftliche oder statuserhebende, sie soll uns als Beratungskräften nach einer Sitzung helfen, die Informationen zu sortieren und die Kommunikation über unsere subjektiven, intuitiven Eindrücke zu erleichtern. Letztlich geht es darum, …

- ein möglichst klares Bild von den Möglichkeiten und Schwierigkeiten zu bekommen, die die Eltern aktuell miteinander und in der Rolle als Elternteil haben
- einen vertieften Zugang zu den Gefühlen, Verletzungen und Bedürfnissen der Eltern zu erhalten
- die Möglichkeiten und Grenzen von Beratung ausloten zu können, sowohl in Bezug auf die Frage, ob Beratung aktuell überhaupt ein passendes Unterstützungsangebot sein kann, als auch, welche Zielsetzungen realistisch sein könnten

- Orientierung darüber zu bekommen, welches Setting, wie viel Struktur, welche Interventionsansätze die Eltern benötigen.

Einige Aspekte sind bereits operationalisiert in einem diagnostischen Schema. Mit Hilfe eines Fremdeinschätzungsbogens, dessen Items sich auf die typischen, in der Beratung beobachtbaren oder von Eltern charakteristischerweise beschriebenen Phänomene und Situationen beziehen, bekommen wir einen genaueren Eindruck darüber, ob und wie Beratung für die Eltern aktuell eine passende Unterstützung sein kann.

Daneben existieren verschiedene Bögen, in denen die gleichen Items so umformuliert sind, anhand derer die Elternteile die Aspekte ihrer eigenen Funktionalität („Selbsteinschätzung"), die der Ex-Partnerin/des Ex-Partners („Fremdeinschätzung anderer Elternteil") reflektieren können.

Schließlich gibt es für die Elternteile die Möglichkeit, die kindliche Brille aufzusetzen und die Funktionalität aus deren mutmaßlicher Sicht („Vermutete Fremdeinschätzung Kind") zu bewerten. Alle Bögen, die die Elternteile bearbeiten können, setzen wir nicht nur diagnostisch ein. Vor allem können sie Teil des Beratungsprozesses sein, z. B. wenn es darum geht, mit ihnen bezüglich ihrer Wahrnehmungen und Haltungen konkreter und differenzierter ins Gespräch zu kommen.

Einflussfaktoren und Elternfunktionalitätsaspekte in der Trennungsberatung

Die folgende Kategorisierung erhebt weder den Anspruch auf Vollständigkeit, noch handelt es sich hier um streng voneinander getrennte Aspekte, vielmehr sind Wechselwirkungen die Regel. Selbstverständlich sind die beschriebenen diagnostischen Faktoren nicht für alle Eltern in der Trennungsberatung gleichermaßen relevant, so dass wir im Beratungsalltag immer eine entsprechende Auswahl treffen werden.

Sofern die jeweiligen Aspekte nicht im Einschätzungsbogen operationalisiert sind, habe ich am Ende des jeweiligen Abschnittes diagnostische Kernfragen angefügt, die die Einschätzung erleichtern sollen.

Der gesellschaftlich-kulturelle Kontext, aus dem die Elternteile stammen

Welche gesellschaftlichen Verhältnisse sind es, die die Verhaltenserwartungen, Normen und Bewertungen gegenüber den Eltern prägen (für eine ausführlichere Darstellung vgl. Alberstötter, 2013b, S. 19ff.) und diese ggfs. überfordern (vgl. Straumann, 2013, S. 60)? Gilt die Trennung als persönliches Versagen in einem Kontext der Postmoderne, in der „anything goes" und jeder bzw. jede des eigenen Glückes Schmied ist? In der die Bilder und Narrative von glücklichen jungen Eltern im Baby-Honeymoon, bzw. fröhlich konsumierend in der Werbung den eigenen Erwartungshorizont an Paarbeziehung und Familie bestimmen? Wie viel Zeit und wie viel (inneren wie auch äußeren) Raum haben Eltern(-teile) in der multioptionalen, „schnellen" Welt, mit ihrem „Beziehungsversagen" konstruktiv umzugehen?

Im traditionell-religiös geprägten kulturellen Kontext ist Trennung und Scheidung ebenfalls nicht vorgesehen – wenn auch aus anderen Gesichtspunkten. Eine (christliche, muslimische usw.) Eheschließung, die im feierlichen Zeremoniell vor der entsprechenden Glaubensgemeinde vorgenommen wurde, bindet das Paar gewöhnlich ein Leben lang aneinander, bedeutet gegenseitige Fürsorgeverpflichtung, dessen Auflösung je nach religiösem Kontext mit Gefühlen von Schuld, Scham, Verlust der Ehre etc. verbunden ist. Möglichkeiten der Reduktion dieser unangenehmen selbstkonzeptbezogenen Gefühle im Rahmen einer starken religiösen Eingebundenheit bestehen hier eher darin, die Ehevoraussetzungen zum Zeitpunkt der Eheschließung anzuzweifeln – hier geht es etwa um den Vorwurf unlauterer Ehemotive des/r Ex-Partners/in, wie etwa das Verschweigen von Ehehindernissen, ehelichen Zwangskontexten, also Aspekten, die die freie Willens- und Entscheidungsbildung beeinträchtigt haben.

Wenn dies explizit gemacht wird, ergibt sich gewöhnlich schon durch die Schwere dieser Vorwürfe ein Klima der Hochstrittigkeit. Es wird gekämpft z. B. um den Erhalt der Ehre bzw. darum, der religiösen Gemeinschaft weiterhin als geachtetes Mitglied angehören zu dürfen. Häufiger dürfte aber eine implizite, nicht direkte geäußerte Haltung, von dem/der Anderen bereits zum Zeitpunkt der Eheschließung hintergangen worden zu sein, in der Trennungsberatung verhaltenswirksam werden.

Selbstverständlich gibt es in diesem Zusammenhang viele weitere kulturelle Kontextbedingungen, die im Verhältnis der getrennten Eltern zueinander Wirkung entfalten; die genannten Beispiele sollen nur verdeutlichen, wie wichtig es ist, den jeweiligen gesellschaftlichen Wertehintergrund als Teil der inneren Erlebenswelt von Eltern in Beratung zu verstehen.

Auch die Sicht der Eltern auf die Beratung selbst ist kontextabhängig. Zum Beispiel erleben wir immer wieder ein hohes Misstrauen gegenüber kommunalen Beratungseinrichtungen von Menschen, die aus Staaten mit totalitären Regimen emigriert sind, gerade nach familiengerichtlicher Verweisung. Manchmal befindet sich die Beratungseinrichtung auch in unfreiwilliger Konkurrenz zu parallel in Anspruch genommenen Schlichtungsbemühungen religiöser Würdenträger, welche bei entsprechend kulturell-religiös eingebundenen Eltern ein hohes Kompetenzzutrauen genießen, das der Beratungsstelle häufig (zunächst) nicht entgegengebracht wird.

Nicht zuletzt ist auch das Beziehungsangebot in der Beratung, z. B. in Richtung einer Unterstützung der Eltern zu mehr eigener Verantwortungsübernahme bei der aktiven Neuorganisation konstruktiver Elternschaft zunächst irritierend für diejenigen Eltern, die aufgrund des gesellschaftlichen Kontextes, dem sie entstammen, eher klare Richtlinien oder gar Schuldzuweisungen erwarten. Die diagnostischen Kernfragen lauten hier also:

- Welchem soziokulturellen Hintergrund entstammen die Elternteile, welche Einflüsse in Bezug auf die Bewertung von elterlicher Trennung wirken dadurch auf sie ein?
- Wie stark ist die traditionelle bzw. religiöse Anbindung? Welche Gefühle und handlungsleitende Vorstellungen spiegeln sich in den Eltern dadurch wider?

Das direkte Umfeld

Auch Verwandte und Freunde der ehemaligen Partner können erheblich Einfluss auf die Einigungsbereitschaft (respektive Konflikthaftigkeit) nehmen, mit der Eltern in der Trennungsberatung erscheinen.

„Ist der/die „Ex“ nicht immer schon schlecht für unseren Sohn/unsere Tochter gewesen? Er/sie selbst hat es lange Zeit nicht sehen wollen, aber endlich hat sich der Schleier der Liebe gelüftet und er/sie sieht selbst, mit was für einem/einer Versager/in, Betrüger/in, Idioten/Idiotin er/sie zusammen gewesen ist! Ob er/sie überhaupt in der Lage ist, sich mit um das Kind unseres Sohnes/unserer Tochter zu kümmern? Wir haben das jetzt übernommen, weil der/die Ex ja nicht ordentlich dazu in der Lage ist…“

Je nachdem, wie eng sich der Elternteil an seine Herkunftsfamilie, bzw. deren Haltungen gebunden fühlt, wie sehr die eigenen Eltern, manchmal auch Großeltern oder Geschwister in z. B. Kinderbetreuung oder finanziellen Angelegenheiten involviert sind, umso mehr Einfluss üben sie gewöhnlich im Hintergrund der Trennungskonflikte aus.

Dies gilt selbstverständlich in konstruktiver wie in destruktiver Richtung. Wir erleben Herkunftsfamilien, die – wie in dem Beispiel oben – permanent Öl ins Feuer gießen und damit dem in der Beratung befindlichen Angehörigen eine konstruktive Vereinbarung mit dem anderen Elternteil erheblich erschweren. Wenn die Zugkräfte der Herkunftsfamilie in dieser Richtung stark wirksam sind, kann es als ein Verrat an der familiären Unterstützung oder generell an den eigenen Familienbanden ausgelegt werden, plötzlich mit dem/der „bösen Ex“ ein Klima der Kooperation, des Verständnisses gemeinsam getragener Elternschaft herzustellen.

Anderseits gibt es immer wieder Konstellationen, in denen Mitglieder aus Herkunftsfamilien mäßigend auf die streitenden Eltern einwirken. Sie versuchen, bei akuten Konflikten zu vermitteln, übernehmen die Übergaben der Kinder bei Umgangswochenenden, damit die konflikthaften Eltern nicht direkt aufeinandertreffen müssen. In Einzelfällen haben wir erlebt, dass sie aktiv auf das Zustandekommen von Einigungen drängen, z. B. bei der gemeinsamen Ausrichtung von Konfirmationsfeiern, der Wahl der weiterführenden Schule usw.

Bei der Frage nach den Einflussfaktoren des verwandtschaftlichen Umfeldes handelt es sich im Übrigen in der Regel um ein zirkuläres Geschehen. Gerade höher strittige Elternteile beziehen vielfach selbst aktiv ihre Herkunftsfamilien oder neue Partner als Verbündete im Konflikt mit ein, fordern von ihnen Solidarität und „Ausstoßung des bösen Expartners" aus dem Familienkreis, während „das Kind in der gebildeten Wagenburg schützend in die Mitte genommen" wird, wie Alberstötter (2006a, S. 34) treffend beschreibt.

In Bezug auf den Freundeskreis gilt Entsprechendes. Je höher die Konflikthaftigkeit der Eltern, umso wahrscheinlicher wird der Versuch, den (ehemals gemeinsamen) Freundeskreis zur Unterstützung des eigenen Feldzuges gegen den/die „unmenschlichen Expartner/in" in Stellung zu bringen, mit dem Ziel, ihn/sie moralisch zu diskreditieren und sozial zu isolieren, was in manchen Fällen zu einer regelrechten Spaltung des Freundeskreises in zwei Lager mit entsprechenden Loyalitätsforderungen führen kann.

Die gemeinsam mit den eigenen familiären und freundschaftlichen Unterstützern/innen aufgebaute Front gegen „die andere Seite" hat vielfältige Aspekte innerpsychischer Stabilisierung (vgl. Kapitel zur psychischen Situation getrennter Eltern) auf Kosten des gemeinsamen elterlichen Funktionierens, z. B. auch der Einigungsbereitschaft der Eltern in der Beratung. Die diagnostischen Fragestellungen sind hier also:

- Wie stark ist der Einfluss des verwandtschaftlichen und freundschaftlichen Umfeldes durch Abhängigkeiten, aktive Instrumentalisierungen usw.?
- Sind die Einflüsse eher heterogen oder uniform? Welche Einflüsse wirken sich (prognostisch) destruktiv oder konstruktiv auf die Vereinbarungsbereitschaft in der Elternberatung aus?

- Geht es überwiegend um Unterstützung der „eigenen Seite“ bei der Bewältigung elterlicher Aufgaben oder in erster Linie um Diskreditierung der „Gegenseite“?

Motivation zur Beratung

Als Aspekt der Elternfunktionalitätsdiagnostik lässt sich für eine schnelle Einschätzung die Motivation von Eltern in der Konfliktberatung als intrinsisch vs. extrinsisch unterscheiden (z. B. Weber & Ritzenhoff, 2018). Intrinsisch motivierte Elternteile haben gewöhnlich von Beginn an beratungskompatible Anliegen oder sie nehmen Unterstützungsangebote zur Entwicklung dieser Anliegen in den ersten Gesprächen bereitwillig an, weil sie sich als mitverantwortlicher Teil am Zustandekommen der Schwierigkeiten betrachten und sich als selbstwirksam genug erleben, um mindestens unter Begleitung Veränderungen erreichen zu können.

Extrinsisch motivierte Eltern bringen dieses Verständnis von Verantwortlichkeit und Veränderungsmöglichkeit nicht „von sich aus“ mit, sondern sie empfinden die Beratung als etwas Aufgezwungenes (z. B. in Folge einer gerichtlichen Verweisung) oder als ein lästiges aber vielleicht notwendiges strategisches Mittel zur Erreichung anderer Absichten (z. B. um in einer insgeheim geplanten juristischen Auseinandersetzung besser dazustehen).

Aus lösungsorientierten Ansätzen ist die etwas differenziertere Unterscheidung zwischen „Kunden“ (entspricht den intrinsisch Motivierten), „Klagenden“ („der andere Elternteil hat Schuld an den Schwierigkeiten, Beratung soll helfen, ihn/sie zu ändern“) und „Besuchern“ (entspricht den extrinsisch Motivierten) bekannt (vgl. z. B. Berg, 1992, S. 37ff.; de Jong & Berg, 1998). Die dort beschriebene Würdigung, dass ein „Besucher“ oder ein „Klagender“ trotz der eigenen Überzeugung, selbst nichts zur Verbesserung der Situation beizutragen zu können, in die Beratung gekommen ist, kommt einer personzentrierten Haltung recht nahe.

Personzentriert betrachtet aktualisieren Menschen, die in

der Beratung erscheinen, bestimmte Bedürfnisse (z. B. nach Unterstützung, Bestätigung, Sicherheit) sowie biografisch entstandene Selbst- und Beziehungskonzeptanteile (z. B.: „Sich auf nahe Beziehungen einzulassen, ist gefährlich", oder: „Bei Konflikten werde ich schnell hilflos").

Bevor Eltern bei der gemeinsamen Arbeit an der zukünftigen Ausgestaltung ihrer Elternschaft begleitet werden können, brauchen sie zu Beginn häufig eine Phase von Einzelgesprächen, in der sie sich in ihren Bedürfnissen gesehen fühlen und die Chance haben, Vertrauen in den hilfreichen Charakter des Beratungsangebotes zu entwickeln. Gerade Personen mit erfahrener Bindungsverunsicherung haben zunächst die Tendenz, Ihre Selbst- und Beziehungskonzeptanteile zu schützen (Selbsterhaltungstendenz) und sie tun dies mit einer mehr oder weniger großen Starre in der Wahrnehmungsabwehr.

Inkongruentes Erleben, z. B. neue, vom negativen Beziehungskonzept abweichende positive Erfahrungen in der Beratung mit dem/der Ex-Partner/in, kann in diesem Selbstschutzmodus nicht zugelassen werden. Deshalb ist die Reserviertheit gegenüber der Vorstellung, sich mit dem anderen Elternteil konstruktiv und vertrauensvoll zusammenzusetzen vor dem Hintergrund der Verletzungen aus der Beziehungs- und Trennungszeit nachvollziehbar.

In der Beratung diesen Personen gegenüber von Beginn an die Haltung elterlicher Verantwortungsgemeinschaft einzufordern, sich selbst steuern und erlittene Verletzungen zurückstellen zu können, wirkt überfordernd. Diese Personen kommen nicht etwa „unmotiviert" in die Beratung, sondern ihre Motive bzw. Bedürfnisse erleben sie als unvereinbar mit dem, wie sie das Beratungsangebot wahrnehmen.

Das Kongruenzerleben wächst, wenn sie sich in ihrem „Sosein" angenommen fühlen. Gerade in Einzelgesprächen ist es dann auch sehr viel häufiger möglich, die eigenen Anteile am Zustandekommen der Konflikte auf der Paarebene wahrzunehmen, sich den eigenen Gut- (ich) und Böse- (der/die andere) Kategorisierungen zu stellen, sowie die Eltern- und Paarebene besser auseinanderhalten zu können – eine wichtige Voraussetzung für einen guten, klaren Blick auf die kindlichen Bedürfnisse in der Nachtrennungssituation!

„Motivationsarbeit" im personzentrierten Sinne ist also kein strategisch-interventionaler Kunstgriff, mit dem Eltern auf eine „konstruktive Schiene" gesetzt werden, sondern es geht darum, Motive und Bedürfnisse der Elternteile zu verstehen und das Beziehungsangebot in der Beratung so zu gestalten, dass sie sich ausreichend sicher fühlen, um neue Erfahrungen zulassen zu können. Der prozessdiagnostische Wahrnehmungsfokus liegt vor allem in den ersten Kontakten, aber im Grunde genommen über den gesamten Beratungsverlauf hinweg auf folgenden Aspekten:

- Welche (Bindungs-)Bedürfnisse haben Eltern, wenn sie in die Beratung kommen?
- Was brauchen sie, um sich sicher zu fühlen und sich auf die Beratung einlassen zu können? Wie viel Zutrauen bringen die Elternteile mit, dass Beratung ihre Situation verbessern kann? Was erwarten Elternteile von der Beratung? Wovor haben sie Sorge?

Wirkung der verinnerlichten Grundüberzeugungen

Auch wenn in den wenigen Einzelberatungssitzungen – anders als in einer Psychotherapie – selten ein tiefergehendes Explizieren und Bearbeiten von biografisch gebildeten Beziehungskonzepten bzw. Wertintrojekten möglich ist, kann es dennoch zur Einschätzung des Niveaus der elterlichen Kooperationsmöglichkeiten (und für die darauf folgende Beratung) diagnostisch wertvoll sein, ein geschärftes Ohr für diejenigen Konzeptanteile zu entwickeln, die sich auf die Aspekte von Elternschaft nach Trennung beziehen.

Diese Grundüberzeugungen sind gewöhnlich generiert aus eigenen biografischen Erfahrungen oder Werthaltungen der Herkunftsfamilie, sie schwingen implizit in Äußerungen mit oder werden explizit – quasi programmatisch – geäußert. Zum Beispiel erwähnt eine Mutter von zwei kleineren Kindern im

Erstgespräch, dass *„die Kurzen gar keine enge Beziehung zu ihrem Erzeuger haben*“: Die Charakterisierung des Vaters als „Erzeuger“ lässt ein Bild von Vaterschaft entstehen, das in erster Linie auf die reproduktive Funktion reduziert ist. Im weiteren Gespräch wird deutlich, dass ihr eigener Vater tatsächlich noch in der Schwangerschaft der Mutter mit einer neuen Partnerin ins Ausland verzogen war. Bei der Klientin hat sich biografisch ein Konzept von Vaterschaft entwickelt, welches zwar mit der aktuellen Beziehung des Ex-Partners zu den gemeinsamen Kindern nicht viel zu tun haben muss, jedoch auf die Elternberatung erheblichen Einfluss nehmen dürfte, wenn es nicht bereits in den Einzelkontakten mit der Mutter bearbeitet wird.

Der Vater brachte im Erstkontakt seinerseits eine Grundüberzeugung sogar explizit zur Sprache: *„Ich habe damals immer darunter gelitten, dass ich meinen Vater nur alle vierzehn Tage sehen dürfte. Deshalb kämpfe ich für das Wechselmodell, das ist das Beste für meine Kinder. Sie sollen engen Kontakt zu mir behalten!“*

Diese erheblich divergierenden Konzepte von Vaterschaft werden problematische Auswirkungen z. B. auf eine Betreuungsvereinbarung in der gemeinsamen Elternberatung haben, wenn sie nicht zuvor im Einzelsetting reflektiert und relativiert werden können. Die diagnostischen Fragen lauten hier etwa:

- Welche (impliziten – expliziten) Grundüberzeugungen in Bezug auf Elternschaft und Familie nach Trennung bringen Eltern mit?
- Wie (un-)passend sind sie zueinander und wirken sich prognostisch entsprechend förderlich oder destruktiv auf den gemeinsamen Beratungsprozess aus?
- Welches weitere Setting ist erforderlich?

Die aktuelle Ausprägung der Grundkonflikte und Verletzungen

Bereits in den ersten Einzelgesprächen ist es meist gut möglich, zu einer Einschätzung darüber zu gelangen, wie schwerwiegend Verletzungen und Konflikte aus der ehemaligen Paarbeziehung und Trennungszeit aktuell wahrgenommen werden, wie sehr das Vertrauen im Speziellen in den/die Ex-Partner/in und im Allgemeinen in den unterstützenden Charakter von emotional resonanten Beziehungen zerrüttet ist (Bindungsverunsicherung).

Hierbei spielt der zeitliche Abstand zu den verletzenden Ereignissen eine Rolle, ferner, wie „heiß“, also aktualisiert die Konflikte derzeit sind (z. B. durch ständig aufflammende Auseinandersetzungen bei der Übergabe der Kinder oder juristische Streitigkeiten oder durch fortgesetzten inneren Fokus auf vergangene Eskalationen), aber auch, wie tiefgreifend die Konflikte gewirkt haben, mit welchem Grad an Kontrollverlusterleben sie verbunden waren und wie nachhaltig dadurch andere, differenzierende Beziehungserfahrungen mit dem anderen Elternteil aus dem Wahrnehmungsfeld gedrängt wurden.

So gibt es Eltern, die nach einem jahrelangen Prozess der Entfremdung als Paar ihre hauptsächlich verbliebene Verbindung in der gemeinsamen Elternschaft gesehen haben und nach der Trennung übergangslos zu nüchternen Absprachen fähig sind. In der Trennungsberatung finden wir jedoch viel häufiger miteinander in der Konfliktdynamik verwickelte Eltern vor. Diese tun sich entsprechend schwer, die Eltern- von der Paarebene zu trennen und konfliktbezogene Kognitionen und Emotionen innerlich zu distanzieren. Anzeichen für eine hohe aktuelle Ausprägung der Konflikte sind beispielsweise:

- Kognitive Einengung: Konflikthafte Erfahrungen und deren kausale Interpunktion („...das Problem besteht, weil mein/e Ex...“) nehmen im Wahrnehmungsfeld einen breiten Raum ein, werden immer wieder fokussiert und als Begründungsfigur für ungelöste Themen herangezogen.
- Bei konflikthaften Inhalten treten bei unmittelbarer Betroffenheit gewöhnlich schon im Einzelgespräch nonverbale oder paraverbale Veränderungen auf, z. B. Hautrötungen, beschleunigte und/oder flachere Atmung, fahrigere Handbewegungen, veränderte, gepresste Stimmlage, beschleunigtes Sprechen, ferner überwiegen Emotionen wie Zorn, Aggres-

sivität oder Ohnmachtserleben, Verzweiflung, Niedergeschlagenheit.

- Es fehlt die Möglichkeit der reflexiven Distanzierung vom eigenen Erleben, die eine wichtige Voraussetzung für eine differenzierte Situationsbeurteilung und dem Finden praktikabler Lösungen ist.

Diagnostische Aspekte:

- Wie vorsichtig, bindungsverunsichert wirkt der Elternteil in der Beziehungsaufnahme zu mir als Beratungskraft?
- Sind non-/paraverbale Veränderungen wahrnehmbar, wenn über den Konflikt gesprochen wird? Wie stark sind Gefühle von Verletzung und Kränkung?
- Inwieweit können Differenzierungen in der Konfliktwahrnehmung vorgenommen werden? Können seit der Trennungsphase Prozesse/Entwicklungen in der Beziehung zum anderen Elternteil wahrgenommen werden?

Der Einfluss von Stress/psychovegetativer Erregung und Erregbarkeit

Konflikte verursachen Stress und unter Stress werden Gespräche schnell konflikthaft – warum also hier noch ein zusätzlicher Abschnitt zum Stress? Es lohnt sich darüber hinaus, den Einfluss von Stress und Erregbarkeit auf die Kommunikationsfähigkeit aus einer etwas generelleren Perspektive zu betrachten.

Neben der Tatsache, dass ein hohes psychovegetatives Erregungsniveau bei aktuellen oder aktualisierten Konflikten die momentanen kommunikativen Möglichkeiten einschränkt, nehmen wir immer wieder auch situationsübergreifende, auf den/die Ex-Partner/in bezogene, aber auch trennungsunabhängige, habituelle Muster von erhöhter psychovegetativer Erregbarkeit wahr.

Ein mittleres psychovegetatives Erregungsniveau ist optimal für divergentes (kreatives, vielfältiges) Denken, das Zulassen und die Integration neuer (Beziehungs-)Erfahrungen. Bei zu großer Erregung vermindert sich die reflexive Denkleistung, die achtsame Selbstbetrachtung und die Möglichkeit, Emotionen differenziert zu regulieren (vgl. z. B. Lux, 2007, S. 45ff.).

Im Extremfall bei traumatischem Stress reduziert sich das Verhaltensrepertoire auf die Notfallprogramme Kampf, Flucht oder Erstarrung („freezing"); komplexere kortikale Verarbeitung, die etwa neue, differenzierte Reaktionen generieren könnte, ist nicht mehr möglich.

Beim individuellen Stresserleben in der Beratungssituation ist die Konfliktgeschichte des Elternpaares wirksam: In früheren Situationen extremer Anspannung z. B. bei eskalierenden Streits in der Partnerschaft und der Phase der Trennung werden Muster der Koppelung bestimmter neuronaler Netze generiert. Diese verursachen aufgrund der Neuroplastizität des Gehirns entsprechende Bahnungen, die umso einseitiger ausfallen können, je stärker die emotionalen Zentren des Gehirns beteiligt sind und je häufiger sich die Erfahrung wiederholt, ohne dass alternative Reaktionen möglich sind.

Im Abschnitt zum personzentrierten Erklärungsmodell zur Konfliktentstehung habe ich die Auswirkungen dieser Aktualisierung von früheren Verletzungs- und Ohnmachtserfahrungen durch konflikthafte „alte" Themen, aber auch durch bestimmte Schlüsselreize (z. B. die Stimme oder auch nur das Parfüm der/des Ex-Partnerin/s) in der Beratung bereits beschrieben: Manche Elternteile können in ruhiger Atmosphäre im Einzelkontakt recht besonnen ihre Situation reflektieren und sich in die Erlebenswelt ihrer Kinder einfühlen, sowie in Bezug auf die geplante gemeinsame Beratung Anliegen und Themen benennen, während sie diese Fähigkeit jedoch angesichts der Anwesenheit des Ex-Partners/der Ex-Partnerin teilweise oder komplett verlieren, weil die psychovegetative Erregung unvermittelt dramatisch ansteigt.

Die elterliche Funktionalität und speziell die Kommunikationsfähigkeit ist in diesem Falle also stark stressabhängig. Bevor weiter an einem Thema gearbeitet werden kann, brauchen diese Eltern(-teile) eine Unterbrechung der triggernden Situation und einen spürbar sichernden, beruhigenden Beziehungsraum durch die Beratungskräfte (Näheres im Kapitel zur Intervention).

Darüber hinaus gibt es die Auswirkungen von frühen traumatischen Erfahrungen („frühem Stress") – hier bleiben Menschen generell psychovegetativ erregbarer (durch ein verändertes Muster in der negativen Rückkopplung der hormonellen Stressreaktion).

Sie neigen auch in einer ruhigen, sicheren Beratungsatmosphäre zu sehr unmittelbaren, impulsiven Reaktionen und können ihre aufwallenden Emotionen nicht oder kaum versprachlichen. Neurowissenschaftlich betrachtet steht diesen Menschen die „Top-down"- Funktion des Frontalhirns, die auf das limbische System moderierend einwirkt und bewusste, explikative Prozesse der Versprachlichung von Erleben einleitet, nicht in ausreichendem Maße zur Verfügung (vgl. Bauer, 2015). Diese Eltern benötigen eine möglichst sachliche, klare Strukturierung, die verwickelnde Kommunikation der Eltern untereinander sofort unterbindet (wenn gemeinsame Elterngespräche in einem Raum überhaupt möglich sind).

Dagegen sind Eltern(-teile) mit relativ anspannungsunabhängiger guter Funktionalität, die auch in angeheizter Atmosphäre in der Elternverantwortung bleiben und die Bedürfnisse ihrer Kinder im Blick behalten, im Bereich der gerichtsverwiesenen Beratung naturgemäß eher selten. Immer wieder finden wir in der Beratung aber auch diese Eltern (Konfliktstufe 1), gewöhnlich melden sie sich in frühen Phasen der Trennung selbst an und brauchen die Beratungskraft meist lediglich als Unterstützung, um die eigenen Optionen und Wege sortiert zurückgespiegelt zu bekommen. Die diagnostischen Kernfragen sind hier also:

- Wie stark ist die psychovegetative Erregbarkeit bei Elternteil A und B im Einzelkontakt, im Vergleich zum gemeinsamen Elternkontakt?
- Wie stark vermindert sich durch Erregung die Möglichkeit, differenziert und einfühlsam die kindlichen Bedürfnisse wahrzunehmen?

- Im Einschätzungsbogen „Elternfunktionalität“ lässt sich die Stressabhängigkeit in „erheblich“ – „mäßig“ – „gering“ kategorisieren!

Die folgenden Aspekte finden sich in den Einschätzungsbögen (vgl. Online-Materialien) als Kategorien wieder:

Die emotionale Steuerungsfähigkeit

Die emotionale Steuerungsfähigkeit bezeichnet im Kontext der Trennungs- und Scheidungsberatung die Möglichkeit, eigene emotionale Reaktionen auf den anderen Elternteil differenziert zu reflektieren und zu versprachlichen, sowie emotional-regulative Kompetenzen auch in angespannter Atmosphäre zu erhalten.

Diese Kompetenz halten wir für die grundlegende Voraussetzung, um eine tragfähige gemeinsame Konzeption von Elternschaft zu erhalten bzw. neu zu entwickeln, trotz der vielfältigen negativen Gefühle, die die Zerrüttung der Paarbeziehung gewöhnlich mit sich bringt.

Die Steuerungsfähigkeit hängt nicht nur wie im letzten Abschnitt beschrieben mit dem aktuellen Ausmaß des Stresserlebens zusammen, sondern grundsätzlich auch von der Beschaffenheit des Selbstkonzeptes. Je präziser und differenzierter im Selbstkonzept bisherige organismische Erfahrungen symbolisiert werden konnten, umso besser gelingt es einem Elternteil, das eigene Erleben wahrzunehmen und zu versprachlichen. Bei hohem innerpsychischen Kongruenzerleben (eigene emotionale Reaktionen können ohne Abwehr als solche akzeptiert und in ihrer Bedeutung für das Selbstbild eingeordnet werden) ist es viel leichter auszuhalten, wenn der andere Elternteil emotional aufgeladen eine andere Meinung vertritt.

Die emotionale Steuerungsfähigkeit leidet dagegen, wenn sich zu der interpersonellen noch eine größere innerpsychische Inkongruenz gesellt, was sich sowohl in einer beziehungsvermeidenden, defensiven Übersteuerung als auch in ungesteuerten unmittelbaren emotionalen Reaktion zeigen kann.

Die individuelle und gemeinsame Kommunikationsfähigkeit

Die individuelle Kommunikationsfähigkeit beschreibt die Art und Weise, in dem Elternteile in dem (idealtypisiert dargestellten) zirkulären Prozess der Kommunikation (Startpunkt der Darstellung beliebig) die folgenden Aspekte vollziehen kann:

- Selbst-Wahrnehmung → Symbolisierung, Vorbereitung der sprachlichen Codierung eigener Wahrnehmung → Abgleich mit der kommunikativen Zielsetzung → Abgleich der Codierung mit der antizipierten Wirkung auf die andere(-n) Person(-en), ggfs. Modifikation der Codierung, so lange bis die Prüfung in Bezug auf eigener Zielsetzung und vermuteter Wirkung ausreichend günstig ausfällt, → Entscheidung für das
- Senden der kommunikativen Botschaft →
- Fremd-Wahrnehmung der beobachtbaren Wirkung der kommunikativen Botschaft auf die andere Person → Abwarten, bis die empfangende Person die Botschaft aufgenommen, decodiert und ihrerseits nach dem Prozess des Abgleiches mit inneren Wahrnehmungen, Zielen eine kommunikative Botschaft formuliert hat →
- Empfangen der kommunikativen Botschaft, Decodierung (Verstehen des Gesagten, Rückschlüsse auf das Gemeinte) → Wahrnehmung der emotionalen und verstandesmäßigen Wirkung → weiter siehe oben.

In allen Phasen dieses Prozesses zirkulärer Rückkopplung können passagere oder dauerhafte Einschränkungen der kommunikativen Kompetenzen gegeben sein.

Wenn es beispielsweise schwerfällt, eigene organismische Erfahrungen (Affekte, Motive, Bedürfnisse etc.) korrekt zu symbolisieren – sei es biografisch bedingt aufgrund mangelnder Spiegelung von Erfahrungen durch wenig feinfühlige Bindungspersonen oder in Folge einer Wahrnehmungsabwehr bestimmter organismischer Erfahrungen durch spätere Verletzungen – wird zwangsläufig die kommunikative Zielsetzung stärker durch introjizierte, also ursprünglich fremde, übernommene Selbstkonzeptanteile bestimmt.

Bei einer unterentwickelten Fähigkeit, sich in die Erlebenswelt anderer hineinzuversetzen, wird es schwer, die Wirkung der Botschaft zuverlässig zu antizipieren und dementsprechend anzupassen.

Die gemeinsame Kommunikationsfähigkeit bezieht sich auf die aktuellen Möglichkeiten und längerfristigen kommunikativen Erfahrungen, die die Elternteile *miteinander* gemacht haben. Im Abschnitt zur personzentrierten Systemtheorie habe ich beschrieben, wie Personen, die sich miteinander in wiederholenden zirkulären Interaktionsschleifen befinden, selbstorganisierte Ordnungen herausbilden, die zur Überstabilität neigen und erst dann an die veränderten Umgebungsbedingungen angepasst werden, wenn die wahrgenommenen Abweichungen so groß sind, dass sie einen stärkeren „Sinnattraktor" bilden und das Elternsystem in einen neuen, funktionaleren Ordnungszustand übergeht.

Während Paare in der Krise gerne mal „unsere guten Zeiten" beschwören und nach ungeklärten Konflikten trotzdem „zur Versöhnung ohne Klärung" übergehen, fokussieren Eltern nach der Trennung auf das Unterscheidende, Dysfunktionale, was es manchen Eltern in der Beratung erheblich erschwert, die Ansätze und Mikromomente konstruktiver Kommunikation wahrzunehmen und anzunehmen.

Die personale Möglichkeit, „entgegen" der Überstabilität kommunikativer Muster neue Erfahrungen zuzulassen und in das gemeinsame Elternkonzept zu integrieren, hängt damit zusammen, inwieweit ein innerpsychischer Raum auch unter Anspannung erhalten bleiben kann. Eine gewisse reflexive Distanz zu eigenen hochschießenden Impulsen und aktualisierten Kränkungserfahrungen ist notwendig, um in der Aufmerksamkeit weiterhin bei den Beratungsthemen, dem anderen Elternteil und der Gesprächsführung durch die Beratungskräfte bleiben zu können.

Die Bindungstoleranz

Unter *Bindungstoleranz* wird üblicherweise die Fähigkeit und Bereitschaft (vor allem des betreuenden Elternteiles) verstanden, Beziehungen des Kindes zu anderen wichtigen Bezugspersonen (vor allem des anderen Elternteiles) zuzulassen und zu fördern (vgl. Dettenborn, 2008).

Temizyürek (2014) differenziert den Begriff zum präziseren Verständnis elterlicher Einstellungen gegenüber den Bindungen des Kindes in Form eines dreistufigen Modells:

- *Bindungsblockierende* Eltern lehnen den anderen Elternteil als Bindungsperson für das Kind aufgrund ihrer eigenen Bewertung ab – selbst wenn sie das Vorliegen einer Bindung zwischen Kind und Elternteil erkennen. Häufig wird jedoch auch die Kindesbindung an sich negiert.
- *Bindungstolerante* Eltern in diesem Modell sind charakterisiert durch ihr duldsames, passives Verhalten. Sie bemühen sich nicht initiativ um die Kontakte, lassen häufig ihre Kinder selbst über die Kontaktaufrechterhaltung entscheiden (intervenieren nicht, wenn ein Kontaktabbruch droht) und überlassen die Organisation der Kontakte dem anderen Elternteil.
- Nur die *bindungsfürsorglichen* Eltern gestalten aktiv die die Erhaltung und Stabilisierung der Kontakte des Kindes zum anderen Elternteil (und anderen bindungsrelevanten Verwandten) aus einer wertschätzenden Haltung gegenüber den gewachsenen Bindungen zwischen Kind und anderem Elternteil heraus (S. 230).

Für die Trennungsberatung ist die Einschätzung der Bindungstoleranz bzw. Bindungsfürsorge deshalb so wichtig, weil sie direkten Aufschluss gibt über das Ausmaß elterlicher Bereitschaft, den anderen Elternteil auch als wichtig für das gemeinsame Kind anzuerkennen und ihn dementsprechend als Kooperationspartner für Erziehungsfragen sehen zu können, sich also mit ihm um den Erhalt oder die Neugestaltung eines gemeinsamen Elternkonzeptes zu bemühen.

In der Elternfunktionalitätsdiagnostik haben wir unterschieden zwischen der elterlichen Einstellung gegenüber der Bindung des anderen Elternteiles zum Kind (diese wird regelmäßig in der Trennungsberatung direkt und indirekt kommuniziert) und der Frage, inwieweit Elternteile umgekehrt die Bindungsbedürfnisse des Kindes gegenüber dem anderen Elternteil aushalten und unterstützen können.

Herr und Frau W. behaupteten in konflikthaften Phasen der Beratung immer wieder mal, dass die Kinder „am liebsten gar keinen Kontakt" zum jeweils anderen Elternteil haben und (wahlweise) die Kontakte zur Mutter bzw. den Lebensmittelpunkt beim Vater nur akzeptieren würden, weil sie Angst hätten vor der Reaktion des betroffenen Elternteiles. Dies war jedoch in erster Linie zu sehen als eine passagere, stressabhängige Einschränkung in der Bindungstoleranz. In Einzelgesprächen wurde bei beiden deutlich, dass sie im Erziehungsalltag sehr wohl feinfühlig mit ihren Kindern umgehen konnten, wenn diese positiv über den anderen Elternteil berichteten oder sich wünschten, mit ihm/ihr telefonieren zu dürfen.

Die Kinder im Blick behalten

In der Elternfunktionalitätsdiagnostik haben wir zwei kindbezogene Kategorien eingeführt, die es ermöglichen sollen, elterliche Feinfühligkeit gegenüber kindlichen Bedürfnissen und Bindungswünschen zu erfassen.

Wenn wir in der Beratung Eltern direkt fragen, ob sie glauben, dass sie die Bedürfnisse ihrer Kinder im Blick haben, auch wenn es auf der Erwachsenenebene Spannungen gibt, schätzen dies die meisten Elternteile so ein. Wir beobachten, dass mit steigendem Konfliktniveau diese Selbsteinschätzung zwar immer resoluter vertreten wird, gleichzeitig wachsen die Zweifel daran, dass dies für den anderen Elternteil auch zutrifft.

Tatsächlich aber sind viele höher strittige Elternteile nicht mehr in der Lage, die kindlichen Bedürfnisse differenziert und unabhängig von den eigenen wahrzunehmen und im Alltag angemessen zu berücksichtigen – vor allem, wenn sie sich auf die Nachtrennungssituation beziehen.

„Wollen“ die Kinder tatsächlich zum Wechsel der Betreuungszeit von der Mutter abgeholt werden, wie Herr W. vermutet? Oder fällt ihnen der Abschied vom Vater leichter, wenn er sie selbst hinbringt? Als Zeichen, dass Papa einverstanden ist, wenn sie das Wochenende bei Mama verbringen?

Aber auch die Feinfühligkeit gegenüber sonstigen kindlichen Bedürfnissen, die nicht direkt mit der Trennung der Eltern zu tun haben z. B. Hobbies, Verabredungen etc. scheint bei manchen Elternteilen zu leiden, möglicherweise, weil diese zu sehr mit sich selbst und ihren eigenen emotionalen Belastungen beschäftigt sind und ohne inneren Abstand ihre eigenen Bedürfnisse projektiv auf ihre Kinder übertragen.

> „Meine Kinder sind genauso versessen auf Fußball wie ich, deswegen gehen wir an den Wochenenden natürlich zu den Bundesligaspielen unseres Lieblingsvereins.“

Das kann selbstverständlich so sein; eine Häufung solcher Aussagen ist möglicherweise aber auch ein Hinweis darauf, dass dieser Vater seine Vorlieben auf die Kinder überträgt, ohne deren unterschiedliche Bedürfnisse tatsächlich wahrzunehmen, bzw. dass die Kinder Papas Bedürfnisse wahrnehmen, ihn nicht enttäuschen wollen und deshalb mit zum Fußball gehen.

In Bezug auf die Wahrnehmung kindlicher Bedürfnisse ist es für streitende Eltern häufig besonders schwer, das Bindungsverhalten und die Bindungsbedürfnisse des Kindes bzw. der Kinder gegenüber dem anderen Elternteil auszuhalten oder sogar unterstützen zu können.

Wie reagiert eine Mutter oder ein Vater, wenn die Kinder sich wünschen, den anderen Elternteil häufiger zu sehen, wenn sie mitbekommen, dass sie sich bei bestimmten emotionalen Schwierigkeiten aktiv an den anderen Elternteil wenden (und nicht an sie/ihn selbst)? Wie gut können die Elternteile ein Gespräch begleiten, in dem ein Kind begeistert von einer Aktion mit dem anderen Elternteil berichtet?

Wenn Elternteile trotz hoher Konflikthaftigkeit zu einfühlsamer Wahrnehmung der Bedürfnisse ihrer Kinder (inklusive der Bindungsbedürfnisse) in der Lage sind, spricht viel dafür, dass sie weiterhin im normalen Erziehungsalltag gut für ihre Kinder da sein können, diese Qualität nur angesichts des/r direkten Kontaktes zum/r Ex-Partners/in verlieren.

Diese Eltern tun gut daran, möglichst wenig (persönlichen) Kontakt miteinander zu haben und den notwendigen Abstimmungsbedarf über sachlich-schriftlichen Informationsaustausch oder sogar über „neutralisierende Dritte“ vorzunehmen, um die Konfliktbelastung für die Kinder so gering wie möglich zu halten („parallele Elternschaft“).

Der Einschätzungsbogen zur Elternfunktionalität

Um zu einer möglichst genauen und wiederholbaren *Fremdeinschätzung elterlicher Funktionalität* gelangen zu können, wurden die zuletzt beschriebenen Aspekte anhand möglichst konkreter, typischer Themen und Situationen getrennter Eltern in Form von Items operationalisiert.

Diese sind aus unseren Erfahrungswerten generiert, kennzeichnen die jeweiligen Dimensionen nicht notwendigerweise trennscharf und sind nicht nach statistischen Gütekriterien abgesichert. So eignen sich z. B. die Items zur emotionalen Steuerungsfähigkeit (gelbe Kategorie) auch zur Einschätzung der Qualität der Kommunikation (grüne Kategorie) und umgekehrt können aus den anderen Kategorien Rückschlüsse auf die emotionale Steuerungsfähigkeit gezogen werden.

Ausgehend von der Erfahrung, dass das Funktionalitätsniveau *beider* Elternteile ausreichend hoch sein muss, damit Trennungsberatung glücken kann (Hochkonfliktberatung ist auch dann schon Hochkonfliktberatung, wenn sich nur ein Elternteil hochkonflikthaft verhält), sind die Items im Fremdeinschätzungsbogen entsprechend so formuliert, dass sie sich jeweils auf beide Elternteile beziehen.

Daneben lässt sich die Fremdeinschätzung jedoch auch durch entsprechende Kennzeichnung für Elternteil 1 und 2 getrennt vornehmen.

Sinnvoll ist auch der mehrfache Einsatz des Fremdeinschätzungsbogens, besonders um mögliche situative Unterschiede in der elterlichen Funktionalität erfassen zu können: Einige Elternteile wirken in ruhiger Einzelgesprächsatmosphäre deutlich besonnener und differenzierter als angesichts des anderen Elternteiles im gemeinsamen Kontakt. Dann wäre die Funktionalität stark stressabhängig, was in der Tabelle zur Elternfunktionalität entsprechend unterschiedlich angekreuzt werden kann.

Die Tabelle zur Elternfunktionalität

Die im Einschätzungsbogen erfassten Aspekte haben wir in Anlehnung an die OPD-2 (Arbeitskreis OPD, 2006) in unterschiedliche Funktionalitätsniveaus unterteilt:

1 Ein *gutes Funktionsniveau* ist gekennzeichnet durch eine durchgängig erhaltene Qualität in der jeweiligen elterlichen Funktionalitätsdimension. Entsprechende Phänomene und Verhaltensweisen können differenziert reflektiert und versprachlicht werden, und zwar unabhängig davon, ob die Situation angespannt/konflikthaft oder ruhig/sicher ist.

2 Von einem *mäßigen Funktionsniveau* sprechen wir dann, wenn Eltern in ruhigen Situationen unter entsprechender Begleitung die differenzierte Versprachlichung in der jeweiligen Dimension herstellen können, diese aber nicht durchgängig gegeben ist; besonders in angespannten Situationen kann die reflexive Distanz zum eigenen Wahrnehmen und Erleben sowie die Möglichkeit der Versprachlichung zeitweise verloren gehen.

3 Die Möglichkeit, eigene Anteile am Zustandekommen von Konflikten und Schwierigkeiten sehen zu können, geht Eltern mit geringem Funktionsniveau weitestgehend verloren. Gerade in angespannter Situation fallen die Reaktionen auf den/die Ex-Partner/in unmittelbar und ohne reflexive Distanz oder der Fähigkeit zur Versprachlichung aus. In der ruhigen Einzelberatungssituation ist manchmal unter strukturierender Begleitung eine reflexive Suchhaltung kurzzeitig erreichbar.

4 Das desorganisierte Funktionsniveau ist dadurch gekennzeichnet, dass reflexive Distanzierung zum eigenen Erleben und Tun und eine entsprechende Möglichkeit der Verhaltenssteuerung (nahezu) komplett fehlt. Der („blinde“) Hass auf den anderen Elternteil und der Wunsch, diesem unter allen Umständen zu schaden, wird in den überwiegenden Interaktionssequenzen, die sich auf die jeweilige Funktionalitätsdimension beziehen, deutlich. Einfühlung gegenüber den Bedürfnissen und Bindungswünschen des Kindes/der Kinder ist in keiner Weise mehr erkennbar.

Die Tabelle (vgl. Online-Materialien) ist als Teil einer fortlaufenden prozessorientierten Diagnostik zu jedem Zeitpunkt im Beratungsverlauf als Reflexionshilfe während und nach den Sitzungen wiederholt einsetzbar. Vor allem aber soll sie schon bei den Einzelgesprächen und dem ersten gemeinsamen Elterngespräch eine Einschätzung ermöglichen, ob Beratung überhaupt ein geeignetes Mittel ist, um zu konstruktiven elterlichen Vereinbarungen hinsichtlich der Verbesserung der Nachtrennungssituation für die Kinder (gegebenenfalls auch nur von einzelnen Funktionalitätsdimensionen) zu kommen.

Wenn ja: Mit welcher Zielsetzung bezüglich der Ausgestaltung der Elternschaft (kooperativ oder parallel), sowie unter welchen Beratungssettings (gemeinsame Beratung, Shuttle, Einzelberatung, Mischformen) könnte dies möglich sein?

Ganz praktisch nutzen wir diese Tabelle vor allem während der Reflexion nach dem jeweiligen Gespräch. Die Beraterin, der Berater sprechen jeweils ihren Eindruck zu den einzelnen Kategorien an. Hat das Co-Team das Funktionalitätsniveau ähnlich wahrgenommen oder unterschiedlich? An welchen Äußerungen oder Eindrücken kann das festgemacht werden? Sind bei Unterschieden der Wahrnehmung Zusammenhänge mit der Elterndynamik zu vermuten? Oder sind es die unterschiedlichen persönlichen Erfahrungen der Beratungskräfte, die die Einschätzungen beeinflussen? Zu welcher Gesamtwertung würde man kommen, d.h. wie aussichtsreich ist Beratung einzuschätzen?

Übertragung der Werte vom Fremdeinschätzungsbogen auf die Funktionalitätstabelle

In der Beratungspraxis wird es gewöhnlich nach den ersten Sitzungen noch nicht möglich sein, zu allen Items Aussagen zu treffen; für eine vorläufige Einschätzung genügt es, innerhalb der jeweiligen Funktionalitätsdimension den Punktwert anhand der Anzahl der beantworteten Items zu mitteln.

Erfahrungsgemäß gelten bei der Übertragung der Werte in etwa folgende Zuordnungen:

- *Mittelwerte 0 bis unter 1: Funktionsniveau desorganisiert.* Entsprechende Werte in den ersten drei Dimensionen weisen darauf hin, dass Beratung nicht möglich ist, da weder emotional-regulative noch kommunikative Voraussetzungen gegeben sind. Desorganisierte Werte (auch) in den beiden kindbezogenen Dimensionen geben Hinweise auf eine mögliche Kindeswohlgefährdung.
- *Mittelwerte 1 bis unter 2: Funktionsniveau gering.* Beratung kann z.T. in adaptierter Form (z. B. Shuttleberatung) mit der Zielsetzung einer *parallelen Elternschaft* durchgeführt werden, wenn andere Voraussetzungen vorliegen, wie z. B. ausreichende Elternfunktionalität in den kindbezogenen Dimensionen, ausreichender Motivation zur Beratung usw. – Eltern können dann unter starker Strukturierung der (Einzel-)Gespräche und der Beachtung des Prinzips „erst beruhigen, dann arbeiten“ zu basalen Vereinbarungen kommen, die es ihnen ermöglichen, im Erziehungsalltag möglichst wenig Berührungspunkte untereinander haben zu müssen.

- *Mittelwerte 2 bis unter 3: Funktionsniveau mäßig.* Hier ist es bei ausreichender Motivation gewöhnlich möglich, zu guten Vereinbarungen im Sinne einer *kooperativen Elternschaft* zu kommen. Bei hoher Stressabhängigkeit gilt es manchmal, die Arbeit an den Themen der Eltern zu unterbrechen und zunächst zu deeskalieren.
- *Mittelwerte 3 bis 4: Funktionsniveau gut.* Eltern mit diesem Funktionsniveau sind in der (gerichtsverwiesenen) Beratung äußerst selten. Meist benötigen diese Eltern weder das Familiengericht noch die Beratungsstelle, um zu guten Vereinbarungen zu kommen.

Selbstverständlich sind die Einschätzungen anhand der Elternfunktionalitätsdiagnostik nicht als zeitüberdauernde Kennwerte zu verstehen, sondern sie weisen auf die aktuellen Möglichkeiten und Grenzen des Beratungsprozesses hin.

Zum Beispiel fielen die diagnostischen Einschätzungen im Verlaufe der Beratung mit Mareike und Paul W. durchaus unterschiedlich aus. Von den ersten Kontakten liegt keine Funktionalitätseinschätzung vor – die Eltern wirkten so kooperativ aufeinander bezogen, dass wir in dieser Phase leider auf eine Einschätzung verzichteten, aber wir wären vermutlich in allen Dimensionen auf eine mäßige bis gute Funktionalität gekommen.

Als Mareike ihre Außenbeziehung offenlegte und die Situation eskalierte, schätzten wir nach den gemeinsamen Kontakten die Funktionalität in den ersten drei Dimensionen eher gering ein:

Weder waren die Eltern in der Lage, ruhig und sachlich miteinander reden zu können, noch war es möglich, die Bedürfnisse von Mareike, ihre Kinder regelmäßig zu sehen, ruhig zu besprechen. Sonstige Kommunikation über Erziehung („Dimension Kommunikation") war zunächst gar nicht möglich, weil die Eltern fast ausschließlich mit ihren konflikthaften Gefühlen beschäftigt waren.

In dieser Phase waren Einzelgespräche deutlich angemessener, hier konnten beide Elternteile zur Ruhe kommen und sich auch den Betreuungsaufgaben sowie den Bedürfnissen der Kinder zuwenden (die Funktionalität schätzten wir mindestens als „mäßig" ein). Die elterliche Funktionalität war also stark stressabhängig – sobald beide aufeinandertrafen, verwickelten sie sich hocherregt in Konflikte, während sie in Einzelgesprächen viel eher in der Lage waren, sich mit den eigenen Verletzungen, aber auch den elterlichen Aufgaben zu beschäftigen.

9 Beratungsprinzipien

Bevor wir uns den Interventionsmöglichkeiten anhand beispielhafter Elternberatungssituationen widmen, seien an dieser Stelle einige grundlegende Beratungsprinzipien genannt, die für die Trennungsberatung relevant sind.

Vertrauensschutz und Kooperation der beteiligten Professionen

Je nach Niveau der Konflikthaftigkeit, Überweisungskontext und emotionaler Situation der Kinder stellt sich die Frage nach Maß und Ausgestaltung der Kooperation zwischen den beteiligten Netzwerkpartnern.

Die Begründung für eine *fallübergreifende* enge Kooperation aller regional involvierten Institutionen fällt dabei eindeutig aus: Ein System gut aufeinander abgestimmter Hilfeerbringer ist unabdingbar, vor allem um höher konflikthafte Trennungsfamilien wirkungsvoll begleiten zu können. Dazu ist es wichtig, sich in regelmäßig stattfindenden Arbeitskreistreffen gegenseitig kennenzulernen und gemeinsam Kooperationskonzepte gemäß der regional vorhandenen Hilfestruktur zu entwickeln (vgl. z. B. Voigt & Vogelei, 2011; Alberstötter, 2006b).

Die Treffen können auch dazu dienen, die Rolle und die Haltung der Beratungsstelle klar zu benennen und damit so weit wie möglich die Beratungsarbeit von Irritationen durch falsche oder überzogene Erwartungen freizuhalten – zum Beispiel: „Das sind Psychologen, die haben da ganz andere Möglichkeiten, die kriegen das schon hin!“. Die Passgenauigkeit in der Empfehlung oder Zuweisung von Eltern im Trennungskonflikt an die Beratungsstelle steigt durch einen ausführlichen Austausch über die eigene Arbeitsweise erheblich. Wir haben gute Erfahrungen damit gemacht, die im Vorfeld der Beratungsarbeit tätigen professionellen Akteure (Jugendamt in der Mitwirkung, Verfahrensbeistände etc.) mit den Grundzügen der Elternfunktionalitätsdiagnostik vertraut zu machen – neben dem zunehmend konfliktadaptierten Vorgehen ist dies der Hauptgrund dafür, dass der Prozentsatz der gerichtsverwiesenen Eltern, bei denen in der Beratung „gar nichts mehr geht“ heute erheblich geringer ist als früher.

Andersherum ist es für uns als Beratungskräfte wichtig, Handlungsweise und Selbstverständnis etwa des örtlichen Familiengerichtes, der Verfahrensbeistände oder einer lösungsorientierten Gutachterin gut zu kennen. Wenn Eltern zum ersten Mal in der Beratungsstelle erscheinen, haben sie gewöhnlich bereits spezifische Erfahrungen mit parteilichen Unterstützern (z. B. Anwälten) und Fachkräften aus Jugendhilfe oder Gericht gemacht, die ihre Perspektive auf den Konflikt, ihre Sprache und ihre Erwartungen an die Beratung mitgeprägt haben (vgl. König et al., 2002, S. 119ff.). Wenn wir als Beraterinnen und Berater um diese Erfahrungen wissen, fällt es uns leichter, den Eltern von Beginn an transparent und wertschätzend begegnen zu können.

Für Beraterinnen und Berater ist es aber auch wichtig, mit dem örtlichen System anderer Unterstützungsangebote für Eltern und Kinder vertraut zu sein, wenn Beratung (aktuell) nicht hilfreich ist oder durch andere geeignete Maßnahmen (z. B. begleiteter Umgang, Trennungskindergruppe oder Einrichtung einer Umgangsbeistandschaft etc.) flankiert werden kann. Wenn Eltern zum Beispiel in der Beratung vereinbaren, dass eine Trennungskindergruppe für ihre Kinder nützlich sein könnte, ebnet eine gute Kenntnis der entsprechenden Anmeldebedingungen, Arbeitsweise, Themen usw. den Weg für die Eltern, sich schon in der Sitzung über die nächsten Schritte absprechen zu können.

In der *Einzelfallarbeit* muss eine gute Balance zwischen den grundsätzlichen fachlichen und rechtlichen Beratungsstandards in Bezug auf Vertraulichkeit und Schweigepflicht einerseits und der zur Abwendung (weiterer) Entwicklungsgefährdung notwendigen Kooperation der unterschiedlichen professionellen Akteure anderseits gefunden werden.

Warum sind beide Aspekte so wichtig?

Beratung allgemein (und personzentrierte Beratung im Besonderen) ist ein professionelles Beziehungsangebot, das seine Wirksamkeit dadurch entfaltet, dass in einer selbstbestimmten Vereinbarung Menschen den Raum erhalten, Gefühle, Motive und Bedürfnisse wahrnehmen sowie die eigene Haltung und das eigene Verhalten reflektieren zu können, ohne Sorge haben zu müssen, dafür angegriffen oder bewertet zu werden. In der Trennungsberatung erhalten sie eine Begleitung und Strukturierung dabei, mit dem anderen Elternteil in eine Form des Kontaktes zu kommen, der neue Erfahrungen und gute gemeinsame Vereinbarungen zulässt.

Eltern brauchen differenziertere Perspektiven auf sich selbst, den anderen Elternteil und den Konflikt, um (wieder) aus einer verantwortlichen Haltung heraus zu guten Absprachen kommen zu können, die im Alltag Bestand haben, weil sie nicht nur unter Druck oder aus sozialer Erwünschtheit entstanden sind, sondern innerlich mitgetragen werden.

Wichtige Voraussetzung dafür, abwehrende oder feindselige Haltungen auf lange Sicht ablegen zu können ist, dass Eltern verschiedene Gedanken und Optionen probeweise äußern dürfen, ohne Sorge haben zu müssen, dass dies außerhalb der Beratung später möglicherweise „gegen sie verwendet" wird. Sie müssen sicher sein können, dass es sie nicht schwächt, wenn sie eigene (emotionale) Bedürfnisse oder Verunsicherungen in Erziehungssituationen benennen – was beispielsweise für eine gute Aufgabenverteilung in einer Betreuungsvereinbarung wichtig sein kann.

Trennungsberatung braucht also den geschützten Raum, der Versuche von Eltern, die Beratung für strategische Ziele einzusetzen, sofort unterbindet. Damit Eltern in der Beratung zur Ruhe kommen und aufhören können zu kämpfen, ist es notwendig, Ihnen transparent zu Beginn der Beratung Vertraulichkeit in Bezug auf alle inhaltlichen Äußerungen zuzusichern und gleichzeitig die Rolle der Beratungsstelle im interprofessionellen System zu verdeutlichen.

Wir weisen darüber hinaus darauf hin, dass es dem gesetzlichen Auftrag entspricht zu prüfen, ob Beratung dem Anspruch genügen kann, „im Fall der Trennung oder Scheidung die Bedingungen für eine dem Wohl des Kindes oder des Jugendlichen förderliche Wahrnehmung der Elternverantwortung zu schaffen" (§17, SGB VIII) bzw. „ob die Hilfe geeignet und notwendig ist" (§27, SGB VIII). Zur Klärung dieser Fragen setzen wir unter anderem die Elternfunktionalitätsdiagnostik ein.

Im Umkehrschluss bedeutet dies, dass Beratung nicht immer und zu jedem Zeitpunkt ein geeigneter Weg ist, Elternverantwortung zu stärken, das Kindeswohl sicherzustellen und Entwicklungsgefährdungen abzuwenden, so dass in diesen Fällen Eltern(-teilen) der Übergang zu anderen (machtvolleren) Kooperationspartnern möglichst leicht gemacht und – wenn nötig – sogar nahegelegt wird. Hierzu gehört eine standardisierte, schnelle Rückmeldepraxis. Kooperationspartner brauchen eine klare Information darüber, ob die Eltern sich noch im Beratungsprozess befinden (der durch machtvolle Interventionen gegebenenfalls sogar empfindlich gestört werden würde) oder ob die Beratung abgebrochen wurde und wenn ja, von welcher Seite aus. Auch benennen wir deutlich, wenn wir nach unserem diagnostischen Prozess zu der Feststellung gekommen sind, dass Beratung (derzeit) kein adäquates Mittel zur Bewältigung der konflikthaften Themen ist.

Gewöhnlich geben wir nur formale Rückmeldung (vgl. Online-Materialien). Allerdings weichen wir bei Anhaltspunkten für eine Kindeswohlgefährdung davon ab, wenn wir nach eingehender Konfrontation der Eltern bzw. einem Elternteil (dann im Einzelkontakt) verbunden mit entsprechenden Bearbeitungsangeboten zu dem Ergebnis kommen müssen, dass sich die Gefährdungslage von den Eltern nicht abwenden lässt. In diesem Falle zeigen wir auch inhaltlich an, welche Verhaltensweisen wir bei welchem Elternteil als problematisch wahrnehmen und welche Interventionen bereits von unserer Seite versucht worden sind.

Je nach dem Grad der Konfliktzuspitzung und der möglichen Gefährdung für die Kinder werden also unterschiedliche Vorgehensweisen benötigt. An dem einen Pol finden wir Eltern, die sich selbstinitiiert um einen gemeinsamen Kontakt in der Beratungseinrichtung bemühen, ohne weitere professionelle Hilfeanbieter in Anspruch zu nehmen. Hier gelten natürlich die allgemeinen Grundsätze der Erziehungsberatung auch in Bezug auf den Vertrauensschutz. Eltern sind auch bei zeitweise hochschießenden Konflikten gut in der Lage, die Bedürfnisse ihrer Kinder im Blick zu behalten und Verantwortung für eigenes Kommunikations- und Erziehungsverhalten zu übernehmen (Konfliktstufe 1).

In Konfliktstufe 2 bzw. bei Beratung nach familiengerichtlicher Verweisung geben wir formale Rückmeldung über den Stand der Beratung, was wir bereits zu Beginn der Beratung ankündigen. Je nach örtlicher Struktur der Kooperation und dem Vorliegen von Schweigepflichtentbindungen wird es sinnvoll sein, dieses Feedback an das Familiengericht oder das Jugendamt zu übermitteln. Wenn es kein familiengerichtliches Monitoring der Beratungsergebnisse durch einen zweiten Anhörungstermin gibt, wenn die in der ersten Anhörung beschlossenen Vereinbarungen oder Anordnungen nicht überprüft werden, Beratungsergebnisse also nicht in einen späteren Beschluss einfließen können, erhalten die Eltern die formale Rückmeldung.

Bei Anhaltspunkten für eine Kindeswohlgefährdung, die sich nach Explorationsterminen mit dem Kind/den Kindern erhärten, geben wir die oben erwähnte inhaltliche Stellungnahme.

Vertrauensschutz und Transparenz

Hier soll es um Vertraulichkeit und Transparenz innerhalb des Beratungsprozesses selbst gehen. Ich schildere beispielhaft die Struktur der Abläufe, die wir in einem gemeinsamen Konzeptentwicklungsprozess der Psychologischen Beratungsstelle der Stadt Oldenburg und der Oldenburger AWO-Familienberatungsstelle etabliert haben. Je nach den regionalen Unterschieden bezüglich der Einbettung der Beratungseinrichtung in das

System der Hilfeerbringer und der konzeptionellen Ausgestaltung der Trennungsberatung an sich kann ein anderer Ablauf sinnvoll sein.

Transparente Struktur des Beratungsablaufes: Sofern in der Gerichtsverhandlung Mediation/Beratung vereinbart oder „angeordnet" wird, erhalten Eltern schon dort unser Informationsblatt mit einer kurzen Beschreibung der Arbeitsgrundsätze der Trennungsberatung und entscheiden sich für eine der nach parallelen Prinzipien arbeitenden Beratungseinrichtungen (vgl. Online-Materialien). Beide Elternteile wissen, dass sie sich binnen zwei Wochen unabhängig voneinander in der Beratungsstelle anmelden sollen. Beim telefonischen Erstkontakt erfragt die Teamassistentin die möglichen Zeitfenster für die Beratungstermine.

Das Beratungsteam hat für jeden Wochentag jeweils vormittags und nachmittags mindestens einen Terminplatz für die gerichtsverwiesene Trennungsberatung reserviert, so dass die Teamassistentin bei der telefonischen Anmeldung den Elternteilen klare Terminoptionen nennen kann. Es ist Aufgabe der Eltern, sich dann auf einen gemeinsamen Beratungstermin zu einigen. Die Erfahrung aus der Vergangenheit hat gezeigt, dass eine mangelnde Einigungsfähigkeit der Eltern bereits in Bezug auf den Terminplatz prognostisch insgesamt ungünstig für eine gemeinsame Elternberatung ist.

Die Einladung zu den ersten Kontakten, in denen es darum geht, mit den Elternteilen einzeln in Kontakt zu kommen, erfolgt grundsätzlich schriftlich. Vor dem ersten Kontakt füllen die Elternteile den Kurzfragebogen von Fichtner (Fichtner et al., 2010) aus. Im Erstgespräch werden die Elternteile über folgende Arbeitsprinzipien aufgeklärt:

Verschwiegenheit und Rückmeldepraxis: Keine persönlichen Inhalte der Elternteile aus den Einzelgesprächen werden in die gemeinsamen Elterngespräche transportiert, außer die Elternteile wünschen sich eine Unterstützung dabei, über die eigenen Gefühle auch im gemeinsamen Elterngespräch reden zu können. Dagegen sollen Elternteile wissen, dass alles, was sie über den anderen im Einzelgespräch berichten, grundsätzlich auch in das gemeinsame Elterngespräch transportiert wird (oder werden kann). Dies ist wichtig, damit Beraterinnen und Berater nicht ungewollt Geheimnisträger einer Seite werden, was die Haltung der Allparteilichkeit schnell unmöglich machen würde.

Von uns aus werden keine Inhalte aus der gemeinsamen Elternberatung an externe Stellen weitergegeben. Wir geben ausschließlich formale Rückmeldung, außer bei konkreten Anhaltspunkten für Kindeswohlgefährdung (s.o.). Die Eltern erhalten jedoch grundsätzlich gleichlautende Ergebnisprotokolle bzw. am Ende eine Rückmeldung über den Stand der Vereinbarung (z. B. vollständig – teilweise – nicht möglich) und die Gründe für das Ende der Beratung (z. B. Beratungsziele vollständig erreicht – Abbruch durch/Nichterscheinen von Eltern/Elternteil – Abbruch seitens der Beratungsstelle). Ergebnisprotokolle können in der darauffolgenden Sitzung grundsätzlich von Elternteilen besprochen und – wenn gewünscht – „verabschiedet" werden.

Terminabsagen: Wer einen Termin nicht einhalten kann, ist dafür verantwortlich, die jeweils anderen Seiten möglichst zeitnah zu informieren.

Eltern werden auch von Beginn an darüber aufgeklärt, dass eine parallele Inanspruchnahme des Familiengerichtes zu Trennungsberatungsthemen zum Abbruch bzw. zur Aussetzung der Beratung führt.

Verantwortungsteilung

Elternteile sind für die Themen und die inhaltliche Ausgestaltung der Vereinbarung verantwortlich, sowie für ihre emotionalen Reaktionen in der Sitzung. Das Beratungsteam ist zuständig für den Prozess der Begleitung, das optimale Maß der Strukturgebung und das jeweils weitere Setting in Absprache mit den Eltern(-teilen): Einzelgespräch, gemeinsames Elterngespräch, Shuttleberatung, Einbezug von Kindern, anderen Personen.

Unabhängig von der Beratungssituation befinden sich Eltern in der Verantwortung für ihr/e Kind/er. Das Beratungsangebot soll Eltern dabei unterstützen, dieser Verantwortung ausreichend gerecht werden zu können. Wir haben gute Erfahrungen damit gemacht, dies – wenn nötig – auch explizit zu benennen. Elternteile sind häufig davon überzeugt, dass sie selbst im Gegensatz zum anderen Elternteil dieser Verantwortung gerecht werden. Wir machen darauf aufmerksam, dass es unabhängig von der Beziehungsqualität jedes einzelnen Elternteiles gegenüber dem Kind auch um die *gemeinsamen elterliche Verantwortlichkeit* und Funktionalität geht, die sich zeigt z. B. in der Möglichkeit, miteinander notwendige Absprachen zu treffen.

Die Struktur des Beratungsrahmens wie auch in der Gesprächsführung ist abhängig vom aktuellen Konfliktniveau und den Bedürfnissen der Eltern nach verlässlicher Gesprächsbegleitung. Eine klare, an das Ausmaß der Konflikthaftigkeit angepasste Strukturgebung schafft Sicherheit und ein optimales Vertrauen in die Möglichkeit fairer Vereinbarungen. Eine mangelnde Struktur erhöht deutlich die Gefahr der Konflikteskalation. In der Beratung geht es darum, möglichst keine neuen Verletzungen zuzulassen und destruktive Prozesse sofort zu unterbrechen.

Eltern, die sich hocherregt in eskalativen Kommunikationsschleifen befinden, benötigen klar wahrnehmbare Stopp-Signale seitens des Beratungsteams, gefolgt von einer ruhig und wertschätzend formulierten Rückmeldung bzgl. des psychovegetativen Stresslevels und gegebenenfalls einer Begleitung dabei, sich wieder beruhigen zu können, bevor weiter an inhaltlichen Themen gearbeitet werden kann.

Für viele Eltern ist die gemeinsame Suche nach praktikablen Strategien für die kritischen Momente ihrer Kommunikation ebenso wichtig wie die Vereinbarungen zur weiteren Elternschaft selbst. Voraussetzung für diese Suchhaltung ist, dass die Elternteile sich zumindest ansatzweise ihre eigenen Anteile am Zustandekommen der Konfliktdynamik anschauen und sie versprachlichen können.

Geschehen dagegen Verletzungen instrumentell berechnend in Schädigungsabsicht (also „kalt kalkuliert"), brauchen die verursachenden Elternteile neben der sofortigen Unterbrechung auch die Rückmeldung über den destruktiven Charakter ihrer Kommunikation, damit sie ihre Beratungszielsetzungen daraufhin erneut überprüfen. Sollte ein Elternteil in der Beratung fortgesetzt (auch) die Zielsetzung verfolgen, den anderen zu diskreditieren, zu verletzen oder gar systematisch psychisch „fertigzumachen“, kann Beratung kein geeignetes Angebot sein, sondern ist aufgrund der Gefährdung des anderen Elternteils kontraindiziert.

Co-Beratung

Gerichtsverwiesene Eltern oder Eltern ab einem mittleren Konfliktniveau werden bei uns grundsätzlich von zwei (nach personellen Möglichkeiten) geschlechtsentsprechenden Beratungskräften beraten. Obwohl dies auf den ersten Blick sehr kosten- und zeitintensiv wirkt, kann die Entscheidung, zu welchem Zeitpunkt das Beratungssetting verändert bzw. die Beratung beendet wird, deutlich treffsicherer und früher getroffen werden. Im Co-Setting ist insgesamt die Anzahl der Beratungsgespräche deutlich niedriger, als in den Jahren zuvor, in denen wir überwiegend alleine mit konflikthaften Eltern gearbeitet haben.

Beratungsebenen im Co-Setting

Zu zweit in die Beratung zu gehen, ist jedoch nicht nur aus diagnostischen und zeitökonomischen Gründen sinnvoll, sondern vor allem deshalb, weil die Beratung an sich – zumindest bei einem gut eingespielten Beratungsteam – deutlich effektiver wird. Die beiden Beratungskräfte können sich in der Gesprächsführung abwechseln; während (vorübergehend!) der/die eine Berater/in die direkte Kommunikation übernimmt, schaut der/die andere mit mehr Distanz auf den Prozess, kann Verletzungen und wunde Punkte wahrnehmen oder die eigene Resonanz auf die entstehende Atmosphäre wahrnehmen und reflektieren.

Je nach aktuellen Sicherheits-, Struktur- oder Kommunikationsbedürfnissen der Eltern(-teile) bieten sich vor allem die folgenden Ebenen im Co-Setting an, die sich normalerweise in jeder Sitzung in unterschiedlichen Gewichtungen gegenseitig abwechseln und ergänzen:

Erste Ebene: Abwechselnde Einzelberatung
Direkte Kommunikation einer/s Beraterin/s mit erst dem einem, dann dem anderen Elternteil. Hier geht es darum, einen wertschätzend verstehenden Zugang zur subjektiven Wahrnehmungswelt des jeweiligen Elternteiles aufbauen, ihn über empathischen Mitvollzug, aber auch als kongruentes Gegenüber begleiten zu können. Dies ermöglicht es der jeweiligen Person, sich als solche gesehen und verstanden zu fühlen und eigene Wahrnehmungen und Gefühle zu explorieren und präziser zu versprachlichen. Angesichts der gewöhnlich als spannungsreich empfundenen Atmosphäre, direkt neben dem/der Ex-Partner/in zu sitzen, bietet die Beratungsbeziehung ein Stück Sicherheit. Bestenfalls können erstarrte Wahrnehmungen flexibler werden, neue Erfahrungen zugelassen und formuliert werden.

Für den jeweils anderen Elternteil ist es manchmal keine leichte Aufgabe, einfach „nur“ zuzuhören, ohne dem unmittelbar aufsteigenden Impuls nachzugeben, die Wahrnehmungsperspektive der anderen Seite sofort zu kommentieren. Dies wird am ehesten gelingen, wenn ein Basisvertrauen in die „Gerechtigkeit der Beratung“ gegeben ist, „man selbst ja auch gleich dran ist“ und den gleichen Redeanteil haben wird. Die andere Beratungskraft unterstützt gegebenenfalls diesen Elternteil dabei, abwarten zu können und die eigenen Impulse zu steuern.

Frau M.: „Leider kann man sich auf meinen Mann (Herr M. lauter dazwischen: „Ex-Mann!“), Exmann, da überhaupt nicht verlassen. Nele hat eine starke Erkältung und da muss sie inhalieren, sonst bekommt sie Asthmaanfälle…“

Herr M.: (setzt an, atmet ein)

Berater/in 1 (schaut Herrn M. an): „Ich sehe, Ihnen ist danach, da sofort drauf zu antworten. Können Sie noch einen Moment aushalten? Sie bekommen gleich auch Raum, Ihre Sicht zu sagen! Ist das ok?“ (Herr M. brummt zustimmend)

Berater/in 2: „Ich habe verstanden, Frau M., dass Sie sich Sorgen machen, Nele könnte ihr Asthma bekommen, wenn sie nicht inhaliert (Frau M.:

„Ja."), und dazu würden Sie gerne mit Herrn M. einen verlässlichen gemeinsamen Weg finden?"
Frau M.: „Ja genau, so ist das. (…)

Für die Zusammenarbeit im Beratungsteam ist es günstig, wenn sich beide Beratungskräfte in diesen unterschiedlichen Rollen abwechseln, damit nicht ein Berater als der einfühlsame „Hauptansprechpartner" gesehen wird, während der andere „nur" als „Strukturwächter im Hintergrund" fungiert. Darüber hinaus haben wir uns mit der Frage beschäftigt, ob eine Rollenzuordnung „weibliche Beraterin ist Hauptgesprächspartnerin der Mutter", bzw. „männlicher Berater ist Hauptgesprächspartner des Vaters" günstiger ist, wie dies zum Teil von tiefenpsychologischen Fachkräften in Beratungsstellen aufgrund der Möglichkeit vertreten wird, im Beraterteam die Dynamik der entstehenden Übertragungs- und Gegenübertragungsphänomene besser reflektieren zu können – oder ob ein wechselndes Beziehungsangebot von beiden Beratungskräften an beide Elternteile ohne geschlechtsspezifische Zuordnung prozessunterstützender ist.

Letzteres bietet Elternteilen die Erfahrung, sich auch von einem Menschen anderen Geschlechts verstanden und gesehen zu fühlen bzw. umgekehrt die Möglichkeit, sehen zu können, dass z. B. ein Berater als „Geschlechtsgenosse" durchaus Zugang zur inneren Erlebenswelt und den Haltungen der „unmöglichen Ex" findet, was helfen kann, allzu starre geschlechtsbezogene Stereotype und Entwertungen aufzuweichen. Welche Arbeitsweise im Einzelfall hilfreicher ist, hängt neben dem eigenen beraterischen Verständnis auch von den spezifischen Erfahrungen der Elternteile ab.

Von Partnerschaftsgewalt betroffene Elternteile brauchen häufig (wenn überhaupt gemeinsame Elterngespräche möglich sind) die vorrangige Anbindung an die Beratungsperson gleichen Geschlechtes, um ausreichend Sicherheit zu erleben. Gewöhnlich favorisieren wir mittlerweile den geschlechtsunabhängigen variablen Rollenwechsel, respektieren und reflektieren aber auch, wenn von Seiten eines Elternteiles klare Bindungswünsche an eine/n der beiden Berater/in deutlich werden, zumal wenn sie aus der Lebens- oder Beziehungsgeschichte erklärbar ist.

Die abwechselnde Einzelberatung bietet sich an, wenn…

- das Konfliktniveau (aktuell) zu hoch bzw. die Reaktionen der Eltern aufeinander zu unmittelbar sind, um sie miteinander ins Gespräch zu bringen.
- in frühen Phasen der gemeinsamen Gespräche, um beiden Elternteilen das Erleben von Sicherheit und Gesehenwerden zu ermöglichen. Dies ist insbesondere dann wichtig, wenn das Vertrauen in den/die Ex-Partner/in massiver erschüttert ist oder ein Elternteil sich in der Paarbeziehung verbal deutlich unterlegen gefühlt hat.
- es vor der gemeinsamen Arbeit an konkreten Vereinbarungen zunächst um die Klärung der jeweils eigenen Interessen, Haltungen und Bedürfnisse geht.

Zweite Ebene: „Moderation“

Bei der Moderation des Gesprächsprozesses der Eltern untereinander sind die Beratungskräfte beide „weiter draußen“, sie begleiten aktiv den Verständigungsprozess der Elternteile untereinander, indem sie zum Beispiel…

- darauf achten, dass beide Seiten ungefähr gleich viel Raum bekommen.
- konstruktive Kommunikationssequenzen beider Elternteile würdigen.
- beide Eltern mit konflikthaften Anteilen ihrer Kommunikation konfrontieren.
- zum zirkulären Einbezug der Kinder oder anderem Perspektivwechsel einladen.
- stoppen oder verlangsamen, wenn die Atmosphäre hitziger wird oder die Eltern so schnell werden, dass Zuhören und Reflektieren nicht mehr möglich ist.
- Wahrnehmungen und Ergebnisse zusammenfassen, und aktiv erfragen, ob das so richtig verstanden worden ist.

- selbst eine optionale Haltung beibehalten und deutlich machen, dass Dinge „probeweise" angedacht werden können, ohne dass sich die Elternteile sofort festlegen müssen.
- anbieten, Ergebnisse schriftlich auf der Flip-chart oder in Form eines Ergebnisprotokolls festzuhalten.
- wieder zur „abwechselnden Einzelberatung" zurückkehren, wenn das Gesprächsverhalten eines Elternteiles oder beider Eltern destruktiv verletzend wird oder einzelne Wahrnehmungen und Standpunkte noch besser exploriert werden müssen, bevor sie gut gegenüber dem anderen Elternteil vertreten werden können.

Frau M.: „Ich habe immer einen guten Eindruck von Dr. H. gehabt, aber wenn Du sagst, dass er mit dem Asthmaspray übertreibt..."

Herr M.: „Das glaube ich tatsächlich, dass es nicht nötig ist, dass Nele dreimal täglich inhaliert. Vielleicht lassen wir es einfach mal weg und geben es ihr nur bei Bedarf."

Frau M.: „Ganz so einfach ist das wohl nicht. Dr. H. meint, dass sich dann das Asthma verschlechtern kann."

Herr M. (hochfahrend): „Du glaubst dem Quacksalber immer noch mehr als deinem gesunden Menschenverstand, wenn du ihn denn...!"

Berater/in 1 (schaltet sich ein): „Ich höre, dass Sie beide nicht sicher sind, ob Nele regelmäßig dreimal täglich inhalieren muss. Ihre Ansichten über Dr. H. scheinen auseinanderzugehen, aber eigentlich geht es Ihnen ja um einen möglichst guten Umgang mit Neles gesundheitlichen Schwierigkeiten. Gibt es da Ideen, wie Sie mehr Klarheit kriegen können?"

Herr M. (ruhiger): „Mhm, wie wäre es, wenn wir uns mal eine zweite Meinung von einem anderen Kinderarzt einholen? Mein Arbeitskollege geht mit seinen Kindern immer zu einer Ärztin, die nicht so schnell mit Medikamenten bei der Hand ist. Der ist total zufrieden mit ihr. Ich kann mal fragen, wie die heißt."

Frau M.: „So lange das keine ist, die nur Milchkügelchen verschreibt...ja, warum nicht. (...)"

Dritte Ebene: Reflexion über den Prozess
Auf dieser Ebene unterbricht das Beratungsteam das Gespräch mit (beziehungsweise zwischen) den Eltern und kommt miteinander in einen Austausch über den elterlichen Prozess. Die Eltern hören in dieser Phase ausschließlich zu, bekommen aber am Ende die Möglichkeit zu schildern, worin sie sich verstanden fühlen und was ihnen neu oder irritierend erscheint.

Klassischerweise leitet diejenige Beratungskraft die Prozessreflexion ein, die zuvor „weiter draußen" war, also das Gespräch nicht direkt geführt, beziehungsweise moderiert hat. Diese Interpunktion wird verbal transparent gemacht (z. B.: „Ich würde gerne an dieser Stelle unterbrechen und mich mit dir *(blickt die andere Beratungskraft an)* austauschen über das, was wir von den Eltern verstanden haben…") und durch eine Veränderung der Körperhaltung unterstrichen (die Berater wenden sich zueinander, schauen sich an usw.).

Neben der Möglichkeit für die Berater, sich transparent über das weitere Vorgehen abzustimmen, stellt das Gespräch der Berater untereinander auch für die Eltern eine starke Intervention dar, sie…

- kann eingefahrene elterliche Kommunikationsabläufe und die subjektive kausale Interpretation („… Wir kommen nicht weiter, weil mein/e Ex…") unterbrechen.
- bietet Einladung zum Perspektivwechsel, indem Erleben und Verhalten der Elternteile, aber auch die Kommunikationsdynamik von den Beratungskräften benannt wird.
- ermöglicht Elternteilen, sich gut gesehen zu fühlen und konfrontiert sie damit, dass auch die andere Seite verstanden werden kann.
- hat Modellwirkung in Bezug darauf, wie die Berater/innen mit ihren durchaus unterschiedlichen Wahrnehmungsakzentuierungen umgehen und zu Vereinbarungen (über das weitere Vorgehen) kommen.

Beraterin 1 ist aktuell in der Rolle der Gesprächsführung; Berater 2 beobachtet den Prozess.

Frau M.: „(…) Das finde ich echt nicht in Ordnung, dass du in dieser Frage so stur bist. Es geht doch um Neles Gesundheit, das muss dir doch auch wichtig sein!"

Herr M.: „Ja genau, deshalb ist es ja auch so schlimm, dass du ständig irgendwelche Medikamente in sie reinstopfst, nur weil dein Dr. H. ein Pharmajunkie ist. Und am Wochenende soll ich diesen Wahnsinn auch noch mitmachen!"

KM holt Luft, setzt an…

Berater 2: „Ich stoppe Sie hier an dieser Stelle, weil Sie sich hier offensichtlich gerade miteinander verhakeln. Ich würde das gerne besser verstehen und mich dazu kurz mit meiner Kollegin austauschen. Ist das für Sie in Ordnung?" (Herr M. brummt zustimmend, Frau M. nickt). Zur Kollegin gewandt: „Mich würde interessieren, wie du den Gesprächsprozess zwischen Fr. und Hr. M. in den letzten Minuten wahrgenommen hast."

Beraterin 1: „Nachdem sich beide ganz ruhig über Behandlungsalternativen und das Einholen einer zweiten Meinung ausgetauscht haben, war ich ganz erstaunt, wie die Spannung zwischen den beiden plötzlich anstieg in dem Moment, als es um die Frage ging, wie verbindlich das Ergebnis der zweiten Ärztin umgesetzt werden soll."

Berater 2: „Ja, das habe ich auch so erlebt. Ich habe von außen wahrgenommen, dass das offensichtlich die Stelle zwischen den Eltern berührt hat, die immer wieder schwierig ist. Bei Frau M. spüre ich, wie wichtig es ihr ist, zu einer verlässlichen, also verbindlichen Absprache zu kommen, die von beiden Eltern mitgetragen wird. Und ich erlebe, wie wichtig es Herr M. ist, mit seiner Ansicht auch ernstgenommen zu werden und seine Sorge, dass über seinen Kopf hinweg entschieden wird (…)."

Beraterin 1: „Ja, das klingt für mich einleuchtend. Beide Haltungen kann ich aus der jeweiligen Perspektive der Eltern total gut nachvollziehen, bin gar nicht sicher, ob die sich wirklich bei dem Gesundheitsthema so ausschließen müssen? Aber beide scheinen diesen Konflikt ja auch schon ziemlich gut zu kennen (…). Hast du einen Vorschlag, in welche Richtung wir mit den Eltern da gehen könnten?"

Berater 2: „Mhm, eine Idee könnte sein, beide mal alleine einzuladen, um mit ihnen in Ruhe gucken zu können, wo genau da ihre verletzlichen

Punkte sind und was sie in der Kommunikation brauchen, um sich an der Stelle nicht mehr so sehr angegriffen zu fühlen. Oder wir bieten ihnen an, erstmal das Gesundheitsthema gemeinsam zu beenden, und wir schauen danach, was dann dran ist."

Beraterin 1: „Ok, ich setze an dem Punkt nochmal fort, oder willst du jetzt übernehmen?"

Berater 2: „Mach gerne nochmal weiter!"

Beraterin 1 (zu den Eltern): „Okay, Sie haben uns jetzt eine ganze Weile zugehört. Wie geht es Ihnen mit dem, was wir gerade ausgetauscht haben? (...) Wer möchte beginnen (...)?"

Abb. 5: Beratungsebenen

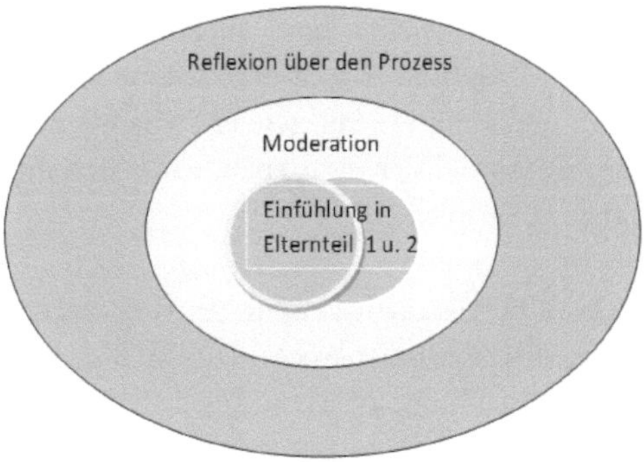

Psychohygiene des Co-Beratungsteams

Neben der höheren fachlichen Qualität der Arbeit bietet die Co-Beratung auch die Möglichkeit, sich durch gemeinsame Einstimmung auf die Kontakte mit den Eltern, sowie durch Auswerten und Versprachlichen eigener emotionaler Resonanzen nach den Gesprächen gegenseitig zu entlasten. Mögliche persönliche Verwicklungen, wie zum Beispiel Sympathien, Antipathien für eine Seite oder die Aktualisierung eigener Konflikt- oder Trennungserfahrungen können gemeinsam viel besser reflektiert und distanziert werden. Damit Beratung zu zweit gelingt, ist eine vertrauensvolle, von gegenseitiger unbedingter Wertschätzung getragene Haltung notwendig. Dies mag selbstverständlich klingen, ist jedoch angesichts der angespannten Atmosphäre, die entsteht, wenn verletzte Eltern sehr aggressiv miteinander um Wahrheit und Durchsetzung konkurrieren und mit direkten oder subtilen Loyalisierungsanfragen agieren, nicht immer leicht zu realisieren.

Neben der Co-Reflexion nach Ende der Sitzung ist deshalb auch die regelmäßige Supervision eine unverzichtbare Voraussetzung guter Trennungsberatung; die Dynamik des Beraterpaares kann manchmal nur im Setting mit Kolleginnen und Kollegen betrachtet werden, die nicht in der direkten Fallarbeit involviert sind. Selbstverständlich ist auch auf dieser Ebene das personzentrierte Begegnungsangebot Grundlage dafür, dass das Co-Beratungsteam sich den aufeinander bezogenen Wahrnehmungen und Gefühlen stellen kann, auch wenn sie schmerzhaft sind. „Klassische" Gefühle, die in der Zusammenarbeit auftauchen können – sei es als ein Spiegel der Dynamik zwischen den Eltern oder als Aktualisierung persönlicher Beziehungserfahrung – sind zum Beispiel:

- Unter- vs. Überlegenheitsgefühle: Es entsteht ein Sog von Bewertung des Gesprächsverhaltens (z. B.: „Da habe ich mich wieder viel komplizierter ausgedrückt, die Eltern reagieren auf das, was mein Co sagt, viel besser" bzw. „die entscheidenden Impulse kamen heute von mir"), die beiden vergleichen sich, beginnen zu konkurrieren.
- Das Gefühl ausgebremst, erdrückt oder nicht „mitgenommen" worden zu sein in Bezug auf die Passung im Tempo oder der Gesprächsebene (z. B.: „Ich wollte nochmal in Ruhe auf die Gefühle und den Prozess schauen, der/die andere hat das Heft an sich gerissen und ist schon inhaltlich weitergegangen.").
- Das Gefühl, im Stich gelassen worden zu sein (z. B.: „Ich wusste nicht mehr weiter und der/die andere ist mir nicht zur Seite gesprungen.").

Supervision ist also auch und insbesondere in der gemeinsamen Trennungsberatung von doppeltem Nutzen: Zum einen wirkt sich die „Beraterfunktionalität“, also das Ausmaß, in dem das Co-Team miteinander wertschätzend kooperieren kann, direkt auf die Elternfunktionalität aus, zumal dann, wenn die Elternteile in der Lage sind, die Art der Beziehung der Beratungskräfte untereinander zumindest in Ansätzen wahrzunehmen (vgl. Abschnitt zur personzentrierten Konzeption von Trennungsberatung). Eltern werden in der Beratung nicht zu einer kooperativeren Haltung kommen können, wenn sie ihrerseits die Berater/in (unterschwellig) als inkongruent zueinander wahrnehmen.

Zum anderen dient die Versprachlichung und Auflösung von Inkongruenzdynamiken im Co-Beratungsteam auch der Arbeitszufriedenheit und damit der Möglichkeit, sich immer wieder mit einer optionalen, zuversichtlichen und lebendigen Haltung miteinander in die Trennungsberatung zu begeben.

Beratungssettings

Je nach Konflikthaftigkeit und Anliegen ist die Wahl des jeweils angemessenen Beratungssettings von großer Bedeutung. Auch der jeweilige Kontext der Anmeldung hat gewöhnlich in Beratungseinrichtungen Einfluss auf das Setting.

Außerhalb der gerichtsverwiesenen Beratung erleben wir am häufigsten, dass sich *ein* Elternteil mit einem trennungsbezogenen Beratungsanliegen an uns wendet und dann über das normale Anmeldeverfahren der Beratungsstelle von der Teamassistenz *einem* Berater oder einer Beraterin zugeordnet wird. Typische Themen sind in diesem Fall z. B.: „Mein Sohn/meine Tochter kommt unausgeschlafen/unausgeglichen vom Wochenende beim Vater zurück. Ich weiß nicht woran das liegt und wie ich damit umgehen soll.“, „Mein Sohn/meine Tochter möchte nicht mehr zum Vater.“ Seltener auch: „Mein Sohn/meine Tochter würde gerne Papa häufiger sehen, aber der hat eine neue Freundin und kümmert sich nicht genug.“, oder auch: „Mein/e Ex und ich, wir können gar nicht mehr miteinander reden. Dabei gibt es so viel zu klären.“

Dies sind Themen, manchmal aber auch Ziele oder Positionen, hinter denen sich (mehr oder weniger) beratungskompatible Anliegen verbergen können, die den späteren Einbezug des anderen Elternteiles sinnvoll oder sogar notwendig erscheinen lassen. In der ersten Phase der Beratung steht dann neben der Entwicklung einer vertrauensvollen Beratungsbeziehung auch die Frage an, wie der andere Elternteil in die Beratung integriert werden kann. Ideal ist, wenn der anwesende Elternteil sich vorstellen kann, diese Rücksprache mit dem/der Ex-Partner/in selbst zu übernehmen, so dass der andere Elternteil sich meldet, um ebenfalls einen ersten Einzeltermin zu bekommen.

Sollte dies nicht möglich sein, bieten wir an, einen Brief an den anderen Elternteil zu schreiben mit einem Terminangebot. Wir achten darauf, dass wir uns in dem Brief nicht das Beratungsanliegen des in Beratung befindlichen Elternteiles zu eigen machen, sondern das Gesprächsangebot so offen wie möglich formulieren.

Je nach Funktionalitätseinschätzung vergibt der/die gleiche Berater/in den Termin auch für den anderen Elternteil, oder, wenn die Beratung prognostisch höher konflikthaft verlaufen könnte, zieht eine Kollegin/einen Kollegen anderen Geschlechtes hinzu, der/die die Einzelberatung mit dem eingeladenen Elternteil übernimmt.

Neben den oben genannten Themen gibt es selbstverständlich auch Anmeldungen einzelner Elternteile, die (zunächst) ausschließlich Begleitung bei der eigenen Trennungsbewältigung oder bei Erziehungsfragen wünschen. Hier sind Einzelkontakte mit *einer* Beratungskraft ausreichend; sollte zu einem späteren Zeitpunkt der andere Elternteil ebenfalls Beratung wünschen, bieten wir ihm Einzeltermine bei einem/einer anderen Berater/in an. Wenn der Bedarf nach gemeinsamer Elternberatung entsteht, können dann die Berater/innen im Co-Setting zusammenarbeiten.

Manchmal melden sich getrennte Eltern auch von vornherein *gemeinsam* an. Gewöhnlich weist dies auf eine im Grundsatz erhaltene Kooperationsfähigkeit hin, so dass die Teamassistenz beiden Eltern zusammen einen Erstgesprächstermin

Musterbrief Einladung zweiter Elternteil

Sehr geehrte/r Frau/Herr __________

Die Mutter/der Vater Ihrer gemeinsamen Kinder X und Y war zu einem ersten Gespräch (ggf.: bei meinem Kollegen, Herr.../meiner Kollegin, Frau...) in unserer Beratungsstelle. Ihr/Sein Gesprächsthema war, wie Ihre Kinder nach der Trennung zurechtkommen/wie Sie als Eltern miteinander sprechen etc.
Ich/wir würden gerne Ihre Sichtweise als Vater/Mutter kennenlernen und vielleicht haben Sie auch ein Gesprächsanliegen?
Wir schlagen Ihnen deshalb folgenden ersten Termin vor:

____

Bitte teilen Sie uns bis zum _________ (2 Werktage vor dem Termin) telefonisch (Nummer) oder per E-Mail (E-Mail-Adresse) mit, ob Sie den Termin wahrnehmen wollen bzw. können.
Eine Information über unsere Einrichtung legen wir diesem Schreiben bei, gerne können Sie auch vorher Kontakt mit uns aufnehmen, um eventuelle weitere Fragen zu klären.

Mit freundlichen Grüßen

bei einem Berater oder einer Beraterin vergibt – sofern die Anmeldegründe (oder das Anmeldeverhalten) nicht auf eine hochgradige Konflikthaftigkeit hinweisen. Dann würde zur Klärung der genaueren Dynamik und zwecks Wahl eines geeigneten Settings ein/e Berater/in telefonisch mit den Eltern Rücksprache halten. Sollte sich im ersten Gespräch eine schwierige Dynamik oder Hochkonflikthaftigkeit herausstellen, kann es ratsam sein, zunächst in Einzelgespräche zu gehen und/oder im Co-Setting weiter zu arbeiten.

In der gerichtsverwiesenen Beratung führen wir grundsätzlich zunächst mindestens ein Einzelgespräch mit jedem Elternteil, hier sind immer beide Beratungskräfte anwesend. Daran können sich weitere Einzelgespräche oder ein erstes Gespräch mit beiden Eltern anschließen. Kriterien für eine vorläufige Fortsetzung von Einzelkontakten sind für uns zum Beispiel:

- Das Vertrauen in den unterstützenden Charakter des Beratungsangebotes oder in die Berater/in ist noch nicht ausreichend gegeben.
- Die Bereitschaft, den anderen Elternteil neben aller Kritik zumindest ansatzweise als jemanden sehen zu können, der/die auch „eine gute Mutter/ein guter Vater“ sein möchte, ist noch nicht gegeben.
- Das Bedürfnis, eigene trennungsbezogene Verletzungen, Kränkungen zu bearbeiten steht aktuell im Vordergrund (als Voraussetzung, dem anderen Elternteil begegnen zu können).
- Es gibt noch keine beratungskompatiblen Themen oder Anliegen, bzw. die Annahme einer eigenen Mitverantwortung für die Elternkommunikation und entsprechende Gestaltungsmöglichkeit fehlt noch.

Neben der Einzelberatung und der gemeinsamen Beratung mit beiden Elternteilen führen wir in Einzelfällen auch Beratung im Shuttleprinzip (vgl. Dietrich & Paul, 2012; Schreiner, 2014) durch. Hierbei kommen Eltern gleichzeitig zum Termin, treffen jedoch weder im Wartebereich noch während der Beratung direkt aufeinander. Die Elternteile befinden sich während der Beratung in zwei unterschiedlichen Räumen. Die Berater wechseln zwecks Transport von kommunikativen Botschaften den Raum, die zunächst in Rücksprache mit dem sendenden Elternteil emotional „neutralisiert" werden, so dass sie von der anderen Seite ohne Eskalation gehört werden können. Indikationen für eine Beratung im Shuttle sind für uns zum Beispiel:

- die Gefahr von Retraumatisierungsreaktionen aufgrund erfahrener Gewalt
- eine dauerhaft hohe psychovegetative Erregung angesichts des Ex-Partners/der Expartnerin, die konstruktive Gesprächsprozesse in gemeinsamen Kontakten verhindert.

Beratung mit der Zielsetzung einer gelingenden parallelen Elternschaft

Wenn anhand der Elternfunktionalitätseinschätzung aus den ersten Sitzungen deutlich geworden ist, dass die Eltern in den Bereichen „emotionale Steuerungsfähigkeit", „Bindungsverhalten" und „Kommunikation" aktuell eine zu geringe Kooperationsbereitschaft oder -fähigkeit für die Gestaltung einer gemeinsamen Elternschaft mitbringen, sie aber ausreichend feinfühlig auf die kindlichen (Bindungs-)Bedürfnisse eingehen, kann die Beratung in Richtung paralleler Elternschaft eine geeignete Zielsetzung sein. Die Frage ist dann, welches Setting (abwechselnde Einzelgespräche, Shuttleberatung oder gemeinsame Elterngespräche) und welchen Grad an Strukturierung die Eltern benötigen, um mindestens zu basalen Vereinbarungen über die zukünftige Elternschaft kommen zu können.

Dann begleiten wir die Eltern dabei, angesichts ihrer hohen Konflikthaftigkeit ein derzeit unrealistisches Leitbild kooperativer Elternschaft loszulassen und sich stattdessen über grundlegende Regelungen zu verständigen, die es ihnen ermöglichen, als Elternteile jeweils die Entwicklung ihrer Kinder unterstützen zu können, ohne sich darin gegenseitig zu behindern.

Für Trennungskinder wirkt es entlastend, wenn hochkonflikthafte Eltern es schaffen, ihre Berührungspunkte zu minimieren. Eine gut parallelisierte Elternschaft braucht je nach Alter der Kinder und räumlicher Distanz der Eltern entsprechende Regelungen z.B....

- *zum Betreuungsmodell*: Hier empfiehlt sich meist eine sehr klare Regelung ohne Ausnahmen, die besprochen werden müssten. Wenn ein Elternteil mal eine Betreuungszeit nicht wahrnehmen kann, ist es z. B. möglich zu vereinbaren, dass dieser selbst für die Sicherstellung der Betreuung (durch Dritte etc.) verantwortlich ist. Bei Betreuungswechsel kann ein direktes Aufeinandertreffen der Eltern vermieden werden über neutrale, dem Kind vertraute Personen, die es von einem Elternteil in Empfang nehmen und etwas später an den anderen übergeben. Ab Kindergartenalter kann der Aufenthalt in der Einrichtung ein guter Puffer sein.
- *zu Erziehungsvorstellungen*: Sofern höher strittige Eltern nicht ausgerechnet in Bezug auf die Erziehung ähnliche Ansichten teilen, sind Konflikte vorprogrammiert, wenn die Idee verfolgt wird, die andere Seite möge die eigenen Erziehungsvorstellungen in deren Betreuungszeit mit vertreten. Während grundsätzlich kooperative Eltern hier zu Kompromissen in der Lage sind, brauchen strittige Eltern eine mindestens basale Toleranz der erzieherischen Unterschiedlichkeit, was sich im Alltag darin zeigen kann, dass sie gegenüber den Kindern die Regeln des Zusammenlebens im anderen Haushalt weitestgehend unkommentiert lassen.
- *zur Informationsübermittlung*: Wenn die direkte persönliche oder telefonische Kommunikation zu sehr zu Missverständnissen oder Konflikteskalation einlädt, kann es entlastend wirken, Regeln über möglichst formalisierte schriftliche Information (z. B. über ein Übergabebuch, in dem die Art und Inhalte der Information zuvor definiert worden sind) zu vereinbaren. Manchmal stehen auch neutrale Dritte zur Verfügung, die von beiden Elternteilen als Informationsübermittler akzeptiert werden und die jeweils nur den sachlichen Teil der Botschaften zu anderen Seite transportieren.

- *zu finanziellen Aspekten*: Eine gute Grundlage schafft hier meist das familiengerichtliche Urteil zur Höhe des Kindesunterhaltes, welches umso besser akzeptiert wird, je angemessener es von beiden Seiten empfunden wird. Manchmal versuchen strittige Eltern in der Beratung auch zu konkretisieren, wie mit unvorhergesehenem Mehrbedarf (z. B. bei besonderen therapeutischen Maßnahmen, Internatsbeschulung etc.) oder mit stark schwankenden Einkommensverhältnissen des unterhaltspflichtigen Elternteils umgegangen werden kann. Immer wieder ist dies in der Beratung mit höher strittigen Eltern wegen der Nähe zu emotionalen Befindlichkeiten jedoch vermintes Terrain. Wer „grenzenlos" enttäuscht ist, wird jedwede finanzielle Vereinbarung als unzureichend wahrnehmen, so dass der Ball wieder auf dem juristischen Feld landet.

Gelingende parallele Elternschaft braucht Elternteile, die durch das Familiengericht gesetzte oder in der Beratung vereinbarte Regelungen akzeptieren, auch wenn sie nicht als (vollständig) gerecht empfunden werden, und die erkennen können, dass ihren Kindern das Aufwachsen in voneinander gelösten verschiedenen Elternwelten leichter fällt als in solchen, die miteinander spannungsreich verwickelt sind.

Manchmal gibt die fortlaufende Elternfunktionalitätsdiagnostik auch Hinweise darauf, dass Eltern bestimmte Bereiche der Elternschaft kooperativ gestalten können, in anderen Bereichen aber feste Strukturen brauchen, die die Kommunikation über diese kritischen Gebiete hilft zu minimieren.

Einbezug von Kindern in die Beratung

Kinder von getrennten Eltern benötigen häufig ein eigenes Angebot von Beratungsstellen, Kinder- und Jugendpsychotherapeuten oder anderen Jugendhilfeeinrichtungen, um mit den psychischen Belastungen, die sie durch die Konflikte und Trennung ihrer Eltern erleiden, besser umgehen zu können. Neben der Einzeltherapie und -beratung haben sich hier vor allem die

Trennungs- und Scheidungskindergruppen (vgl. z. B. Fthenakis et al., 1995; Schüler & Löhr, 2011) als hilfreich erwiesen. Im Rahmen dieses Buches können wir nicht differenziert auf diese Interventionsansätze eingehen, jedoch stellt sich die Frage nach dem Einbezug der Kinder im Rahmen der Trennungsberatung der Eltern.

Beratungsstellen vertreten hier eine sehr unterschiedliche konzeptionelle Haltung. Einige laden die Kinder strittiger Eltern als Adressaten von Jugendhilfeleistungen gemäß SGB VIII grundsätzlich im Verlauf der Elternberatung ein, um eventuellen eigenen Unterstützungsbedarf der Kinder bzw. im Extremfall eine drohende Kindeswohlgefährdung abzuklären oder auch, um die Bedürfnisse der Kinder und deren Perspektiven kennenzulernen (vgl. Weber, 2010, S. 54ff.; Götting, 2020, S. 136f.). Vielfach wird in Erziehungsberatungseinrichtungen von einem persönlichen Kennenlernen der Kinder ganz Abstand genommen. Die Befürchtung ist, es könnte für die Kinder eine unzumutbare Belastung darstellen, nach den Gesprächen mit Jugendamt, Verfahrensbeistandschaft und Familienrichter/in „noch einer" Fachkraft „Rede und Antwort" stehen zu müssen. Auch ist die Sorge, die Loyalitätsspannung könne sich erhöhen, zumal wenn dem Kind nicht ausreichend klar ist, welche Auswirkungen seine Perspektive auf den Elternkonflikt haben könnte.

Ich glaube, dass der Einbezug von Kindern in die Trennungsberatung, die Wahl des Settings und der beteiligten Fachkräfte im Rahmen des bindungs- und beziehungsorientierten Beratungsangebotes eine fallbezogene differenzierte Abwägung erfordert. Folgende Aspekte halte ich hier für relevant:

Wenn es in erster Linie darum geht, dem Kind ein Begleitungsangebot zu machen, wo es außerfamiliäre Unterstützung beim Umgang mit eigenen Belastungen erfährt, spricht bei gegebenem Einverständnis beider Eltern (und entsprechender Bereitschaft des Kindes) viel dafür, dieses Angebot in der gleichen Einrichtung zu verorten, in der auch die Trennungsberatung stattfindet, allerdings nicht bei dem gleichen Beraterpaar, sondern bei einer dritten Fachkraft, die – für alle Seiten transparent

– ausschließlich als vertrauenswürdige/r Ansprechpartner/in für das Kind da ist.

Bei einem Informationsbedürfnis der Eltern über die Beratung des Kindes wird die Fachkraft mit dem Kind vereinbaren (und gegebenenfalls zusätzlich selbst fachlich prüfen), ob und welche Informationen an die Eltern transportiert werden können. Bei einem expliziten Auftrag auf Seiten des Kindes, Ergebnisse aus der Einzelberatung oder konkrete Bedürfnisse an die Eltern in die Trennungsberatung einfließen zu lassen, könnte die dritte Fachkraft stellvertretend für das (oder gemeinsam mit dem) Kind für einen Teil der Sitzung in die Elternberatung hinzukommen, sofern dazu das Einverständnis der Eltern vorliegt.

Die Kinder kennenzulernen kann jedoch auch für das Co-Beratungsteam selbst ein guter Weg sein, um das Familiensystem insgesamt zu entlasten: Für streitende Eltern kommen durch die Rückmeldungen aus den Sitzungen mit den Kindern deren Bedürfnisse wieder mehr in den Blick, der Fokus verschiebt sich vom Ärger über den anderen Elternteil zurück auf die eigentliche Zielsetzung der Beratung, nämlich die Verbesserung der Nachtrennungssituation für die Kinder. Diese wiederum können von dem Berater/der Beraterin hören, dass ihre Eltern in der Verantwortung sind, an der Situation zu arbeiten und dies in der Beratung begonnen haben. Kinder reagieren häufig erleichtert, wenn sie erfahren, dass nicht sie selbst zwischen den Eltern vermitteln müssen, sondern dass dies die Beratungskräfte tun, und dass auch die Eltern gerade versuchen, Wege zu finden, wieder mehr miteinander besprechen zu können.

Für die Beraterinnen und Berater kann der Kontakt zu den Kindern ebenfalls hilfreich sein. Dabei geht es weniger um die Möglichkeit, konkrete diagnostische Informationen in der Elternberatung „verwerten" zu können, sondern darum, mehr von der Familie zu verstehen, die Lebensrealität, Belastungsfaktoren und – nicht zuletzt – die Bedürfnisse und die Perspektive des Kindes oder der Kinder kennenzulernen.

Dies kann vor allem dann wichtig sein, wenn in der Elternberatung das Bild von den Kindern diffus bleibt, weil die Eltern ihren Fokus auf ihren eigenen Verletzungen oder ihren Streit legen und die Kinder aus dem Blick geraten. Oder wenn die Eltern ihr Kind sehr unterschiedlich beschreiben, so dass ebenfalls kein klares Bild entsteht, wie die kindliche Lebensrealität ist und was es braucht.

Manchmal kann es ein gutes Signal gemeinsamer elterlicher Verantwortungsübernahme sein, wenn Eltern die erfolgreich getroffenen Vereinbarungen, die das Kind betreffen (z. B. Betreuungszeiten, Aufteilung der Hausaufgabenunterstützung oder Gestaltung von Feierlichkeiten etc.), diesem im Rahmen der Trennungsberatung mitteilen. Bei dieser Zielsetzung würden die Kinder für eine begrenzte Zeit als Gäste mit zur Elternberatung hinzukommen.

Kriterien für den Einbezug von Kindern durch das Co-Beratungsteam

- *Lebensalter*: Wir laden Kinder frühestens ab dem 4. Lebensjahr ein; bei noch jüngeren Kindern halten wir allenfalls eine Elternteil-Kind-Interaktionsbeobachtung für sinnvoll.
- *Motivation des Kindes*: Wenn das Kind von sich aus gehört werden will, ein Mitteilungs- oder sogar Mitwirkungsbedürfnis hat, wäre es unsinnig, dies dem Kind zu verweigern. Sofern es sich herausstellt, dass es sich beim kindlichen Interesse, einbezogen zu werden, in Wirklichkeit um einen Instrumentalisierungsversuch eines Elternteiles handelt oder die Motivation in erster Linie Ergebnis einer Parentisierungsdynamik ist (z. B.: „Ich will Papa helfen, damit er nicht mehr so traurig sein muss"), kann der Kontakt auch eine gute Chance sein, dem Kind ein eigenes Beratungsangebot zu machen, wo es die Möglichkeit hat, Entlastung zu erfahren und eine unabhängigere, selbstbestimmtere Haltung zu entwickeln.
- *Beratungsbeziehung zu den Eltern*: Wenn Eltern die Beraterin und den Berater als grundsätzlich wertschätzend und sicherheitsbietend wahrnehmen können, ist eine wichtige Voraussetzung gegeben, die Kinder kennenlernen zu können. Für

die weitere Elternberatung ist es entscheidend, dass Elternteile nicht befürchten müssen, durch „diagnostische Erkenntnisse“ aus den Kontakten zu den Kindern in ihrer grundsätzlichen elterlichen Kompetenz entwertet oder abrupt mit den eigenen abgewehrten Schuldgefühlen konfrontiert zu werden. Deshalb ist es wichtig, die Entscheidung, die Kinder einzubeziehen, mit den Eltern dialogisch und transparent zu entwickeln und gerade auch von den reservierten oder ängstlichen Elternteilen eine reflektierte Zustimmung zu erhalten.

- *Hinreichende Feinfühligkeit der Elternteile* bei der Vorbereitung und Begleitung des Kindes zu den Gesprächen ist gegeben oder kann erreicht werden: Eltern können ggfs. eigenes Instrumentalisierungsverhalten reflektieren und von der Versuchung Abstand nehmen, das Kind vor der Beratung zu „impfen“, ihm Hinweise zu geben, was es sagen soll (und was auf keinen Fall). Sie können ausreichend kindzentriert dessen Erfahrungen bei früheren Befragungen (z. B. Jugendamt, Verfahrensbeistandschaft, Familiengericht) besprechen, Hoffnungen und Sorgen des Kindes angemessen begleiten und von eigenen Haltungen Abstand nehmen.
- *Kontaktverweigerung des Kindes einem Elternteil gegenüber*: Sofern nicht in den Gesprächen mit den Elternteilen bereits ein Eindruck über die Hintergründe von Kontaktverweigerung (vgl. z. B. die Einteilung von Behrend, 2009: Situative Streitvermeidung, Instrumentalisierung durch den hauptsächlich betreuenden Elternteil, erlebte Verletzungen durch den abgelehnten Elternteil) entstanden ist, kann der Einbezug des betroffenen Kindes Orientierung für die Elternberatung, aber auch für Elternteil-Kind-Beratung geben (vgl. z. B. Aichinger, 2006; Alfes, 2020).
- *Das Kind schützen*: Der Einbezug von Kindern ist unbedingt erforderlich, wenn sich in der Elternberatung Hinweise auf eine schwerwiegende Entwicklungsstörung oder sogar Kindeswohlgefährdung ergeben, vor allem dann, wenn die Kinder nicht parallel zur Elternberatung bei anderen Hilfeerbringern Unterstützung erfahren. Die Schwierigkeit besteht

> häufig darin, über die Art und Weise, wie Eltern(-teile) über ihre Kinder sprechen, auf eine Gefährdungslage zu schließen. Wie erwähnt, können die kindbezogenen Kategorien im Elternfunktionalitätsbogen eine erste Einschätzung erleichtern, jedoch gilt es dann, diese Anhaltspunkte über Kontakte zum Kind und/oder Vernetzung mit dem weiteren Hilfesystem weiter zu klären und im Co-Beratungsteam die eigene Rolle in diesem Prozess zu reflektieren.

Für die weitere Trennungsberatung, deren Erfolg unter anderem davon abhängt, inwieweit die Beratungskräfte ihre wertschätzende Grundhaltung gegenüber den Eltern beibehalten können, ist es häufig günstiger, wenn das zur Sicherung des Kindeswohles erforderliche Schutzplanverfahren und das Monitoring der Umsetzung dieser Vereinbarungen von anderer Seite (z. B. Allgemeiner Sozialdienst) übernommen wird.

In den Online-Materialien sind einige Arbeitshilfen für den Termin mit dem Kind und dessen Vorbereitung zu finden, die wir im Team der Psychologischen Beratungsstelle der Stadt Oldenburg entwickelt haben.

10 Prozessorientierte Interventionen in der Trennungsberatung

Phasen der Trennungsberatung

Wie weiter oben bereits beschrieben, ist es für den Aufbau einer förderlichen Beratungsbeziehung entscheidend, von Beginn an auf Basis einer wertschätzenden Grundhaltung den Eltern mit einer großen Struktur- und Rollenklarheit zu begegnen. Während sich das Beziehungsangebot und der Beratungseinstieg bei den einvernehmlichen Eltern kaum von sonstigen Paar- und Erziehungsberatungssettings unterscheidet, weshalb wir an dieser Stelle nicht näher darauf eingehen (Stichworte „Willkommenskultur“, emotional resonantes Eingehen auf die innere Erfahrungswelt der Elternteile, Informationen über das Beratungsangebot, Klärung von Anliegen usw.), braucht die Beratung mit sehr verletzten und verletzenden Eltern gerade im gerichtsverwiesenen Kontext ein konfliktangepasstes Vorgehen.

Unser Vorgehen in der *Phase der ersten Kontaktaufnahme* habe ich bereits im Abschnitt „Vertrauensschutz und Transparenz beschrieben", ich fasse sie hier nochmals stichwortartig zusammen:

1 Während der familiengerichtlichen Anhörung bekommen die Eltern ein Informationsblatt (vgl. Online-Materialien) und einigen sich auf eine der beiden in Oldenburg nach parallelen Prinzipien arbeitenden Beratungsstellen. Die Eltern wissen, dass sie sich beide binnen zwei Wochen telefonisch in der gewählten Beratungseinrichtung anmelden sollen.

2 Bei der telefonischen Anmeldung wird neben den üblichen Daten (Anschrift; Name, Geburtsdatum der Kinder) auch festgehalten, zu welchen Zeiten der jeweilige Elternteil Termine wahrnehmen kann. Der erste anmeldende Elternteil bekommt eine schriftliche Rückmeldung über die Anmeldung, verbunden mit dem Hinweis, dass Termine vergeben werden können, sobald sich beide Elternteile angemeldet haben.

3 Nachdem sich der zweite Elternteil ebenfalls angemeldet hat, werden übereinstimmende Zeitfenster festgestellt und das für diesen Terminplatz zuständige Co-Beratungsteam informiert. Entweder der Platz ist sofort frei und die Eltern werden zu einem ersten Einzeltermin (mit beiden Beratern) schriftlich eingeladen oder die Eltern bekommen die Rückmeldung, dass sich nun beide Elternteile angemeldet haben, aber der Terminplatz noch besetzt ist. Die Eltern können sich dann auf einen anderen, freien Terminplatz einigen oder – wenn das nicht möglich ist – auf das Freiwerden des Platzes warten. Sollte sich der andere Elternteil nicht binnen zwei Wochen anmelden, bekommt der angemeldete Elternteil die schriftliche Rückmeldung, dass die gemeinsame Beratung aktuell nicht begonnen werden kann verbunden mit dem Angebot, sich für eigene (Erziehungs-)Fragen nochmal an uns (bzw. bei auswärtigen Elternteilen an die örtliche Beratungsstelle) wenden kann. Häufig meldet sich dann durch eine Intervention des einen Elternteiles (einvernehmlich: über direkte Rücksprache, bzw. strittig: über anwaltliche Schreiben oder erneute familiengerichtliche Anrufung) der andere Elternteil doch noch an.

Phase der ersten Gespräche: Zunächst führen beide Beratungskräfte gemeinsam mindestens ein Einzelgespräch mit jedem Elternteil durch. Im Einzelgespräch in der Haltung des personzentrierten Beziehungsangebotes wird zunächst die Wertschätzung über das Kommen ausgedrückt (auch und gerade wenn deutlich wird, dass die Person sich eher genötigt gefühlt hat zu kommen). Es geht darum, sich in die innere Erlebenswelt inklusive der individuellen Perspektive auf den Konflikt einzufühlen, genauer zu verstehen, an welcher Stelle die Situation ohnmächtig, festgefahren, konflikthaft wahrgenommen wird und was die Person braucht, damit die Stagnation überwunden werden kann und was sie selbst dazutun könnte.

Der diagnostische Prozess des Co-Beratungsteams bezieht sich auf die oben beschriebenen Elternfunktionalitätsaspekte, ggf. kann der Selbsteinschätzungsbogen und der Fremdeinschätzungsbogen „Anderer Elternteil" der Elternfunktionalitätsdiagnostik (vgl. Online-Materialien) auch für den Elternteil eine Unterstützung sein, die eigenen Anliegen nach Veränderung zu fokussieren: In welchen Bereichen kann ich als Elternteil selbst noch anders reagieren? Wo erhoffe ich mir eine Veränderung beim anderen, bzw. bei uns beiden? Und wie wichtig ist mir persönlich der jeweilige Bereich?

Am Ende der ersten Phase (im Grunde jedoch auch über den ganzen weiteren Verlauf hinweg) klärt das Beraterpaar, inwieweit die Positionen und Anliegen der Elternteile durch Beratung bearbeitet werden können, welche allgemeine Zielsetzungen (kooperative bzw. parallele Elternschaft) voraussichtlich realistisch sind und wie viel Struktur, welches Setting erforderlich ist und bespricht dies transparent mit den Eltern. Häufig ist es sinnvoll, eine regelrechte Beratungsvereinbarung zu treffen, auf die später in hitzigen Phasen verwiesen werden kann.

Beispiele für beratungskompatible Anliegen:

- „Wir können nicht miteinander reden. Immer wenn wir aufeinandertreffen, gehen wir nach kurzer Zeit unter die Decke. Wir können uns einfach nicht in Ruhe ausreden lassen".
- „Ich würde gerne meine Kinder mehr sehen und will mit meiner Ex-Frau eine andere Betreuungsregelung besprechen."
- „Mein 14-Jähriger zockt zu viel. Mit meinem Ex-Mann möchte ich eine gemeinsame Linie finden."

Beispiele für Positionen, die mit entsprechender Begleitung (und Bereitschaft der Eltern) meist in beratungskompatible Anliegen verwandelt werden können:

- „So wie der Vater mit unserem Jungen umgeht, ist das schlecht für ihn. Der kommt immer häufiger verstört nach Hause."
- „Als Vater habe ich genauso Anrecht auf die Informationen aus dem Kindergarten!"
- „Mein Ex lässt unseren Sohn zu lange zocken!"
- „Meine Ex macht mich schlecht vor den Kindern!"

Beispiele für Positionen bzw. Anliegen, die nicht beratungskompatibel sind, wenn sie sich nicht umformulieren lassen:

- „Bitte sorgen Sie dafür, dass er endlich Unterhalt zahlt!"
- „Meine Ex schadet den Kindern. Sie ist psychisch krank. Das muss ihr mal jemand sagen!"
- „Mein Ex ist ein Trinker. Wenn er die Kinder wiedersehen will, muss er eine stationäre Therapie machen."

Arbeitsphase: Im Sitzungsverlauf werden zunächst die Anliegen bzw. Themen gesammelt, Entwicklungen seit dem letzten Treffen thematisiert und gegebenenfalls offen gebliebene Punkte aus der vorherigen Sitzung benannt. Die Eltern entscheiden, welche Themen gemeinsam besprochen werden sollen und in welcher

Reihenfolge. Gewöhnlich ist es sinnvoll, die Themen schriftlich auf einer Flipchart oder Tafel festzuhalten und zu notieren, von wem sie eingebracht wurden (z. B. über die Zwei-Spaltentechnik: „Vater" – „Mutter"). Die Eltern wissen, dass es sich hierbei nicht um geschlossene Listen handelt, sondern sie auch zu einem späteren Zeitpunkt jederzeit noch Themen benennen können.

Manchmal ist den Elternteilen der Unterschied zwischen Positionen und Themen nicht ausreichend klar. Positionen sind Haltungen, die aus der eigenen Wahrnehmungsperspektive erwachsen, während Themen die bevorstehenden Gesprächsinhalte möglichst neutral benennen. Gewöhnlich ist in einer Position bereits das Veränderungsziel implizit oder explizit enthalten (z. B.: „Als Vater habe ich genauso Recht, meine Kinder zu erziehen! Ich möchte das Wechselmodell!").

Damit sich Spielraum für Kommunikation und Verhandlung ergibt, ist es notwendig, dass der jeweilige Elternteil sich darauf einlässt, die Position in ein Thema zu verwandeln, welches für beide Seiten als besprechungswürdig akzeptiert werden kann. Die Beraterin oder der Berater wird hier entsprechende Verbalisierungsangebote machen (z. B.: „Sie möchten über die Betreuungsregelung sprechen?").

Es kann mehrere Anläufe benötigen, bis die Person, die das Anliegen benannt hat, mit der Umformulierung einverstanden ist. Dennoch ist diese kleinschrittige Genauigkeit wichtig, damit sich beide Elternteile in der jeweils eigenen Themensammlung wiederfinden. Immerhin wird von ihnen gefordert, die eigenen Ziele für den Moment zugunsten einer allgemeineren Formulierung zurückzustellen. Der Vorteil für die weitere Beratung besteht auch darin, dass beide Seiten in diesem Prozess der Themenformulierung schon ein Stück Kommunikationsbereitschaft zeigen, wenn auch zunächst nur dem Beraterpaar gegenüber.

Manche Eltern neigen dazu, vorschnell in ein gerade benanntes Thema einzusteigen. Hier wird das Beratungsteam schnell unterbrechen und auf die Struktur aufmerksam machen, dass zunächst die Themen gesammelt werden und dann die Eltern sich über das erste Thema und die weitere Reihenfolge einigen. Diese Kommunikation über die „Tagesordnung" ist auch deshalb wichtig, weil die Eltern damit schon in einen ersten kleinen Verhandlungsprozess eintreten, der in der Regel erfolgreich verläuft.

Klassischerweise können die Themen recht konkret sein (z. B. „Medienkonsum von Emma“) oder auch allgemein (z. B. „Vertrauen“ oder „Elternkommunikation“). Wichtig ist, dass beide Elternteile die Themen und gegebenenfalls die Unterthemen (z. B. das Thema „Vertrauen“ könnte von Eltern aufgeteilt werden in z. B. „Elterliche Absprachen“, „Kommunikation mit Dritten“ und „Erziehungslinie“ usw.) aktuell als miteinander besprechbar ansehen.

Obwohl in der weiteren Arbeit die grundsätzlichen Prozessschritte einer Mediation (etwa: Arbeit an Interessen und Bedürfnissen, Konfliktbegleitung, Optionen, Verhandeln, Vereinbaren) gewöhnlich ebenfalls vorkommen, begleitet die personzentrierte Trennungsberatung stärker auch intrapsychische und interpersonelle Inkongruenzdynamiken, was durch die Veränderung im Setting (z. B. Phasen der Einzelgespräche) und der Moderationsstruktur (vgl. Abschnitt zu den Beratungsebenen) möglich wird.

Unsere Erfahrung ist, dass sowohl die getroffenen Vereinbarungen als auch ein gelösteres Klima zwischen den Eltern nur dann dauerhaft Bestand haben, wenn es gelingt, die grundsätzlichen Verletzungen, die zu Konfliktverschärfung und Dämonisierungsdynamik beigetragen haben, besprechen zu können und einen eigenen und gemeinsamen Umgang mit ihnen zu finden.

Im nächsten Abschnitt werden einige allgemeine und situationsspezifische Interventionsmöglichkeiten beschrieben, die auf Basis des personzentrierten Beziehungsangebotes die Verständigung zwischen den Eltern fördern und die Arbeit an den Verletzungen unterstützen können.

Abschlussphase: Am Ende der Arbeitsphase können sich die Eltern bei erfolgreichem Beratungsprozess sehr viel entspannter begegnen und Absprachen leichter selbst miteinander treffen. Darüber hinaus steht ihnen gewöhnlich auch ein Kanon von getroffenen Vereinbarungen zur Verfügung, die die Ausgestaltung der Elternschaft bezüglich Zusammenarbeit und Aufgabenverteilung sowie die Art und das Ausmaß der zukünftigen Kommunikation betreffen.

Gewöhnlich ist es sinnvoll, diese Vereinbarungen so konkret wie möglich schriftlich festzuhalten und den Eltern die Gelegenheit zu geben, die Inhalte zu überprüfen und so lange zu modifizieren, bis beide Seiten mit dem Text einverstanden sind.

Manchmal kommt es an dieser Stelle nochmal zur Konfliktaktualisierung, was einerseits ein Anzeichen dafür sein kann, dass noch nicht alle Verletzungen genug Raum hatten und die Eltern weitere Begleitung benötigen. Anderseits ist es zuweilen auch das bevorstehende Ende der Beratung an sich, welches herausgezögert werden soll. In diesem Fall kann die elterliche Verunsicherung, ob sie zukünftig wirklich bereits ohne Begleitung zurechtkommen können, Aufmerksamkeit erfahren. Einigen Eltern reicht es, wenn sie wissen, dass sie sich bei Bedarf unkompliziert wieder an das Beraterpaar wenden können, andere benötigen einige sehr niederfrequente Termine (z. B. alle halbe Jahre), um sich mit einem besseren Gefühl verabschieden zu können.

In der Regel sprechen am Ende der Beratung die Eltern darüber, wie lange die Vereinbarungen gelten sollen, wie flexibel mit Ausnahmen und Abweichungen umgegangen wird und wann bzw. wie erneut die Unterstützung der Beratungsstelle angefragt werden soll.

Je nach Kontext, in dem die Beratung zustande kam (gerichtsverwiesen, von Dritten empfohlen oder selbstinitiiert) und Art der Einbindung der Beratung in eventuelle sonstige Hilfen wird die Beratungsstelle eine formalisierte Rückmeldung erstellen (vgl. Beispiel in den Online-Materialien), die Auskunft über Anzahl der Termine sowie den Stand der Vereinbarung (Ziele vollständig-teilweise-gar nicht erreicht) erteilt. Eine inhaltliche Weitergabe von Vereinbarungen nehmen wir nicht vor, wir überlassen den Eltern die Entscheidung, ob sie die in der Beratung getroffenen Vereinbarungen weitergeben bzw. familiengerichtlich oder notariell beurkunden lassen möchten.

Personzentrierte Haltung und prozessorientierte Interventionen in der Trennungsberatung

Wie bereits ausführlich beschrieben, begegnen uns die meisten Eltern in der Beratung angesichts des belastenden Trennungserlebens und vor allem des (bevorstehenden) Aufeinandertreffens mit dem Ex-Partner/der Ex-Partnerin mit Gefühlen innerer Anspannung oder sogar Bedrohung. Das Bindungssystem ist gewöhnlich aktiviert, sie brauchen Berater und Beraterinnen, die sich emotional resonant auf sie einlassen und ihnen als Personen unbedingte Wertschätzung entgegenbringen können.

Das mag wie eine selbstverständliche Anforderung klingen, jedoch löst das bisweilen bizarr anmutende Konfliktverhalten spontan eher irritierte und abwehrende Reaktionen im Gegenüber aus – wenn das Beratungsteam den Drang verspürt, dem eigenen Ärger über „die unmöglichen Eltern“ Luft zu verschaffen oder sich unmittelbar mit den „armen Kindern“ identifiziert, sind dies Anzeichen dafür, dass die wertschätzende Beziehungsaufnahme beeinträchtigt ist.

Die personzentrierte Haltung ist kein Zustand, der – wenn er einmal erreicht ist – zuverlässig verfügbar ist, sondern ein ständiger Prozess der aktiven einfühlsamen Hinwendung zur inneren Erlebenswelt der Elternteile. Dazu ist es notwendig, dass wir als Beraterinnen und Berater eigene Wertungen gegenüber den elterlichen Einstellungen reflektieren und der Versuchung widerstehen, vom Verhalten unmittelbar auf die Persönlichkeit zu schließen.

Eltern brauchen unsere feste Überzeugung, dass sie im Grunde gute, in Bezug auf die kindlichen Entwicklungsbedürfnisse funktionale Eltern sein wollen. Unsere Zielsetzung im Beratungskontakt kann also nicht sein, die Eltern so „zu beeinflussen“ oder „zu belehren“, dass sie unseren Vorstellungen von besseren Eltern mehr entsprechen, sondern es geht darum, sie so zu begleiten, dass sie selbst entspannter, kongruenter ihre individuellen und (wenn möglich auch) gemeinsamen Möglichkeiten des liebevoll fürsorglichen Elternseins wiedererlangen können.

In der unbedingten Wertschätzung gegenüber beiden Elternteilen und dem Bemühen um einfühlendes Verstehen der jeweiligen Wahrnehmungswelt kommt die *Haltung der Multiperspektivität* zum Ausdruck: Indem wir als personzentrierte Berater/innen gleichermaßen resonant auf die entgegengesetzten Wirklichkeitskonstruktionen einsteigen, erkennen wir sie als Möglichkeiten der Situationsbewältigung an, die aus der individuellen Entwicklungsgeschichte nachvollziehbar werden. Gleichzeitig erteilen wir den Versuchen von Eltern, uns zu Unterstützern ihrer eigenen „Wahrheit" zu machen eine Absage, indem wir die „andere Seite" ebenso begleiten.

In Bezug auf die Wirklichkeitskonstruktionen sind wir also konsequent unparteilich – eine „Parteinahme" (wenn man es als solche bezeichnen will) lassen wir allerdings deutlich werden in Bezug darauf, dass wir elterliche Entwicklungsansätze in Richtung neuer Ideen und Optionen aufgreifen und die darüber entstehende Kommunikation engagiert unterstützen und andersherum die Eltern konsequent konfrontieren, wenn wir wahrnehmen, dass aktuell in puncto Konfliktdynamik nur „mehr vom Gleichen" passiert.

Ein Beispiel aus der ersten Beratungsphase mit Mareike und Paul W. einige Wochen, nachdem Mareike W. ihre neue Beziehung offengelegt hatte:

(...)

Frau W.: „Wenn es möglich ist, dass ich die Kinder besuche ... zu festgelegten Zeiten..."

Herr W.: „Ich kann Dich bei uns zuhause nicht sehen, das kommt gar nicht in Frage. Dafür ist das alles viel zu frisch!"

Berater 1: „Ihre Sorge ist, dass es Sie zu sehr verletzen könnte, Fr. W. bei sich zuhause zu sehen, wenn sie die Kinder besucht..."

Herr W. (schnaubt aufgebracht): „Ja, das ist doch völlig klar. Nach dem, was die mir angetan hat!"

Berater 1: „Der Gedanke daran macht Sie wütend und Ihre Frau zuhause zu empfangen ist momentan für Sie gar keine gute Idee."

Beraterin 2 (an beide gerichtet): „Gibt es vielleicht noch andere Möglichkeiten, wie Frau W. und die Kinder sich sehen können?“

Frau W. (zögert): „Bei mir in der Einliegerwohnung ist ja leider so wenig Platz...ich bemühe mich ja schon um eine größere Wohnung, aber bei dem Wohnungsmarkt momentan...“

Herr W. (fällt ihr ins Wort): „Jetzt willst du die Familie wohl auch noch finanziell ruinieren. Für eine zweite große Wohnung haben wir doch...

Berater 1 (unterbricht): „Ich muss Sie hier stoppen. Dass Sie unterschiedliche Ansichten über die Wohnsituation haben, hatten Sie bereits ausgetauscht. Das Thema jetzt gerade ist, wie es gelingen kann, dass Ihre gemeinsamen Kinder wieder regelmäßig Kontakt zu ihrer Mama haben können. Vorhin habe ich verstanden, dass Sie sich beide in dieser Zielsetzung einig sind.“ (Frau W. nickt, Herr W. schaut zu Boden) „Herr W., stimmt das für Sie noch?“

Herr W. (atmet tief durch): „Ja...natürlich.“

Beraterin 2 (in Richtung Frau W.): „Ihre Bedenken sind, dass es in ihrer Wohnung zu klein sein könnte. (An Beide): Gibt es noch andere Optionen? Vielleicht eine vorläufige Lösung für die nächste Zeit? (...).

In dieser Szene denkt Frau W. am Thema orientiert über Optionen nach; Herr W. agiert dagegen aus seiner Verletzung heraus. Berater 1 verbalisiert kurz die dahinterliegenden Gefühle, während Beraterin 2 am Prozess der Lösungsfindung orientiert bleibt. Herr W. ist offensichtlich aktuell weder bereit, selbst Optionen beizusteuern, noch seinen verletzten Gefühlen nachzugehen, sondern bleibt vorwurfsvoll, was sich für den weiteren Prozess destruktiv auswirkt, wenn es nicht gestoppt wird. Berater 1 holt sich das Einverständnis von Herrn W., dass er weiter mit am Thema arbeitet.

Wenn ein Elternteil fortgesetzt aus einer verletzten Haltung heraus die Arbeit am Thema torpediert oder hinterfragt, ist dies eine Indikation, Einzelgespräche anzubieten, in denen es meist leichter fällt, sich die emotionalen Beweggründe dafür anzuschauen. Die gefühlswertschätzende Beratungshaltung „Gefühle sind alle in Ordnung, das daraus resultierende Verhalten aber kann Prozesse behindern“ ermutigt Eltern, sich im Einzelkontakt für die eigenen Verletzungen zu öffnen.

Manchmal ist es notwendig, den *„Denkraum“ in der Beratung* nochmals deutlich zu machen, verbunden mit der Einladung, Gedanken auch „probeweise“ zu formulieren, ohne dass sie direkt bewertet werden oder dass hierdurch Dinge bereits festgelegt werden.

Ein Beispiel aus dem gleichen Gespräch, einige Minuten später:

Herr W.: „Meine Schwester hat bei sich ja viel Platz im Haus, seitdem ihre beiden Jungs ausgezogen sind.“

Frau W. (winkt ab): „Aber das geht doch auch nicht. Wieso sollte sie sollte denn Lust haben, mich und unsere Kinder ständig bei sich zu sehen? Außerdem müssen wir da doch erst hinfahren.“

Beraterin 2: „Sie wirken nicht so angetan von der Idee, weil für Sie spontan ein paar Gründe dagegen sprechen. Vielleicht können wir sie trotzdem erstmal aufschreiben, als eine Möglichkeit unter mehreren anderen.“

Frau W.: „Ich sehe im Moment gar keine Möglichkeit, wenn ich die Kinder nicht in ihrem normalen Umfeld sehen kann.“

Berater 1: „Ich höre, es ist Ihnen wichtig, dass die Situation für die Kinder möglichst natürlich ist, wenn Sie ihnen begegnen. (…) Mögen sie nochmal gemeinsam schauen, in welcher Umgebung sich Ihre Kinder noch wohlfühlen könnten? Denken Sie ruhig ins Unreine, Sie müssen sich ja nicht sofort auf eine Lösung festlegen.“

Konfliktbezogenes Arbeiten bedeutet neben der Relativierung starrer Perspektiven durch die Haltung der Multiperspektivität und der Optionalität auch, dass die Konfliktdynamik benannt wird, ohne dabei eine Seite zu entwerten. Selbst wenn aktuell das konflikthafte Verhalten nur von einem Elternteil auszugehen scheint, bemühen wir uns als Beraterin oder Berater, einfühlsam gegenüber beiden inneren Erfahrungswelten zu bleiben und das Konfliktverhalten als ein Phänomen zu verstehen, welches aus der zirkulären Rückbezüglichkeit der emotionalen Reaktionen der Eltern aufeinander nachvollziehbar wird. Aus dieser Haltung heraus lässt sich Konfliktverhalten konfrontieren, ohne dass wir dabei die Beziehung zu einem Elternteil verlieren, zum Beispiel weil bei diesem der Eindruck der Koalitionsbildung mit dem anderen entstünde. Die Konfliktdynamik kann in der weiter oben beschriebenen dritten Beratungsebene, der Reflexion des Beraterpaares über den Prozess benannt werden – oder in der direkten Kommunikation mit den Eltern:

Berater 1: „Ich würde Ihnen gerne eine Rückmeldung geben, wie ich Sie gerade erlebe. Wenn Sie möchten, können Sie danach sagen, womit Sie etwas anfangen können. Ist das für Sie in Ordnung?" (Herr und Frau W. nicken)

Berater 1 (in Richtung von Herrn W.): „Sie, Hr. W., haben alle Ideen abgelehnt, bei denen Sie Fr. W. bei der Übergabe der Kinder sehen würden. Ich meine verstanden zu haben, dass das momentan eine regelrechte Zumutung für Sie wäre (Hr. W. nickt heftig). Ich kann Ihnen nachfühlen, dass so eine Vorstellung für Sie schwer auszuhalten ist, weil die Trennung für Sie noch so frisch ist und es weh tut, Ihre Frau zu sehen. Ich vermute, dass das auch der Hintergrund sein könnte für Ihre Beschimpfungen vorhin. Meine Kollegin hatte Sie da gestoppt, weil neue Verletzungen Sie nicht auf der Elternebene bei der Frage voranbringen, wie ihre Kinder die Mama sehen können, sondern nur Ihre Gräben vertiefen.

Berater 1 (in Richtung von Frau W.): „Sie, Frau W., wirken ziemlich verzweifelt auf mich. Im Gespräch hier, wie auch schon vor zwei Wochen, scheint es keine gute Lösung zu geben und Sie haben Ihre Kinder seit ungefähr einem Monat nicht mehr für länger als ein paar Minuten gesehen. Einerseits fühlen Sie sich verantwortlich, weil Sie die Trennung vollzogen haben, das scheint Sie ein Stück daran zu hindern, klarer Ihre Anliegen zu äußern. Anderseits werden Sie auch wütend, wenn Sie erleben, dass Ihr Mann den Ideen nicht zustimmt, die Sie geäußert haben.

Berater 1 (an beide Eltern): „Ich nehme wahr, dass sich die Situation für Sie beide momentan ziemlich ohnmächtig anfühlt, sei es aus dem Gefühl heraus verlassen worden zu sein oder dass der Kontakt zu den Kindern so erschwert wird. Diese starken Gefühle scheinen irgendwie aus dem Ende Ihrer Paarbeziehung zu kommen und wenn nun eine Seite der anderen Zugeständnisse auf der Elternebene macht, fühlt es sich auf der Paarebene noch ohnmächtiger an. Vielleicht hindert Sie das daran, jetzt eine gute Lösung zu finden. Wie empfinden Sie das?"

Wege kongruenter Konfrontation von Konfliktverhalten

Bei der manchmal notwendigen Konfrontation von Konfliktverhalten kommt es besonders darauf an, dass die Eltern(-teile) sich in diesem Moment dadurch nicht persönlich entwertet fühlen. Wenn wir als Beraterinnen und Berater es schaffen, während der konfrontierenden Intervention ein Klima der unbedingten Wertschätzung beizubehalten, geben wir den Eltern bzw. dem jeweiligen Elternteil die Möglichkeit, durch das Beziehungsangebot gehalten zu fühlen, trotz der Inkongruenz, die durch die Konfrontation entsteht.

In diesem Verständnis bleiben Verhaltenskonfrontationen immer Bearbeitungs- und Reflexionsangebote, die aus der eigenen Wahrnehmungsperspektive der Beraterin bzw. des Beraters entstehen und auch als solche benannt werden (können).

Beispielsweise könnten eskalative Entwicklungen in der Kommunikation benannt werden, die von Seiten des Beraters/der Beraterin überraschend oder unverständlich sind, also etwa:

> „Vorhin haben Sie sich sehr einvernehmlich darüber austauschen können, wer für die nächste U-Untersuchung ihres Kindes zuständig ist. Ich bin ganz überrascht, dass der Ton zwischen Ihnen jetzt plötzlich so viel schärfer ist, seitdem es um Ihr Familienauto geht. Ich habe noch nicht verstanden, was daran genau Sie (zu Vater gewendet) und Sie (zu Mutter gewendet) so laut werden lässt…"

Manche Konfrontationen beziehen sich auf ambivalente kommunikative Botschaften der Eltern, z. B.:

> „Mich irritiert gerade, dass ich ihren letzten Satz, Sie wollen mit ihrem Ex-Partner nichts mehr zu tun haben, überhaupt nicht zusammenbekomme mit Ihrer Körpersprache – Sie haben sich zu ihm hingedreht und schauen ihn an…"

Für den weiteren Prozess ungünstig ist gewöhnlich die „autoritäre Konfrontation", in der wir eine mächtigere Position einnehmen, zum Beispiel, indem wir so tun, als seien wir aufgrund von Studium, Berufserfahrung usw. in der Lage, allgemeingültige Aussagen über die Richtigkeit von Elternverhalten zu treffen und aus dieser heraus konkrete Handlungen der Eltern als falsch zu charakterisieren. Je nachdem, wie sehr diese Hierarchisierung akzeptiert wird, nehmen Eltern diese Intervention möglicherweise sogar an, aber mit erheblichen Auswirkungen:

Das Beziehungsangebot, aus dem heraus wir die Eltern dabei begleiten, ihre Elternschaft und das Ausmaß ihrer Kommunikation bzw. Kooperation selbst auszugestalten, ist massiv gefährdet, weil die Eltern(-teile) sich mehr und mehr auf unsere Expertise verlassen, ohne den eingeschlagenen Weg innerlich mitvollziehen zu können. Wir laufen Gefahr, Vereinbarungen „zu produzieren", die im Alltag scheitern, sobald die Beratung beendet ist.

Manchmal ist die deutliche *Verhaltenskonfrontation* auch nur im Einzelkontakt möglich, wenn der betreffende Elternteil im gemeinsamen Gespräch angesichts des Ex-Partners bzw. der Ex-Partnerin zu sehr die Abwehrschilde hochgefahren hat.

Hierzu wieder ein Beispiel aus der Beratung mit Herrn und Frau W. aus einer späteren Phase:

Herr und Frau W. hatten sich zwar zunächst in der Beratung darüber verständigen können, dass Frau W. jedes zweite Wochenende jeweils Samstag und Sonntag alle drei Kinder beim Vater abholt und sie abends wieder zurückbringt, sowie dass sie immer für den Reitunterricht von Annika (Dienstagnachmittag) und das Fußballtraining von Nick (Donnerstagnachmittag) zuständig ist. Jedoch kam es zum Zerwürfnis, als Frau W. einige Monate später mit ihrem neuen Partner ein Miethaus mit drei Kinderzimmern ganz in der Nähe bezog und die Betreuungsregelung verändern wollte. Nach einem kurzen heftigen Streit verließ Herr W. wutschnaubend die Beratungssitzung, während Frau W. kurz darauf über ihren Anwalt ein familiengerichtliches Verfahren zwecks Veränderung der Umgangsregelung einleiten ließ.

Das Familiengericht entschied zur Überraschung des Vaters, dass der Lebensmittelpunkt der Kinder künftig bis auf Weiteres bei Frau W. sein sollte aufgrund ihrer geringeren Wochenarbeitszeit (mit Umgangsrecht beim Vater 14-täglich plus ein Tag in der Woche) und verwies zur näheren Ausgestaltung der Betreuungszeiten sowie zur Verbesserung der Elternkommunikation die beiden wieder zurück an die Beratungsstelle.
Hier entzündete sich schnell ein Konflikt an der Frage, inwieweit der neue Partner der Mutter sich an der Erziehung der Kinder beteiligen dürfe. Herr W. beschimpfte Frau W. lautstark und drohte im Affekt damit, dem „Dreckskerl eins überzuziehen". Für den Vater war die Kränkung zu groß, als dass er sich der Konfrontation mit seinem konflikthaften Gesprächsverhalten im gemeinsamen Elterngespräch hätte stellen können, im darauffolgenden Einzelgespräch war dies jedoch gut möglich. Dort konnte er seine Verletzung versprachlichen, sich „ausgetauscht" zu fühlen und sich sein Gesprächsverhalten aus der gemeinsamen Sitzung trotz einiger Beschämung anschauen. Die Symbolisierung von emotionaler Erfahrung trug entscheidend dazu bei, dass Herr W. eine reflexive Distanzierung von seinen eruptiven Affekten erreichte.
Im nächsten Elterngespräch entschuldigte er sich bei der Mutter und war im weiteren Verlauf der Beratung deutlich mehr in der Lage, sich als Elternteil in die Bedürfnisse der Kinder hineinzuversetzen.

Einzelne prozessorientierte Interventionen

Es ist in der Beratung ein ganz normales Phänomen, dass getrennte Eltern ihre Erfahrungen aus der Zeit der Partnerschaft und Trennung angesichts der Kommunikation mit dem anderen Elternteil aktualisieren, selbst wenn es „eigentlich" um Elternthemen geht. Zusammenlebende Eltern machen dies in ihrem Erziehungsalltag ständig, ohne überhaupt zu bemerken, dass beispielsweise das Vertrauen in eine Absprache selbstverständlich auch auf Erfahrungen von Verlässlichkeit des Partners aus der Zeit vor der Elternschaft fußt.

Insofern geht es in der Trennungsberatung auch nicht darum, dass Eltern im Bemühen um gemeinsame Elternschaft ihre Paar-Erfahrungen „vergessen". Allerdings können die mehr oder weniger „frischen“ Verletzungs- und Misserfolgserfahrungen aus dem Zusammenleben die elterliche Kommunikation und Absprachemöglichkeiten beeinträchtigen, wenn sie unvermittelt aktualisiert werden und dann den Fokus auf die Elternthemen erschweren. Sich als Paar „gescheitert“ zu erleben, unabhängig davon, ob dieses Scheitern als ein eigenes, gemeinsames oder fremdverschuldetes erlebt wird, kann Eltern in einen Sog der Gefühle von Aussichtslosigkeit und Ohnmacht ziehen.

Während Einzelgespräche für Elternteile wichtig sein können, um innere Klärung und einen guten Umgang mit den erlebten Verletzungen zu finden, geht es in der gemeinsamen Beratung vor allem darum, Eltern dabei zu unterstützen, mit aktualisierten Verletzungserfahrungen so weit umgehen zu können, dass eine Hinwendung zu den elterlichen Anliegen und Themen (wieder) möglich wird.

Wenn elterliche Ohnmachtsgefühle das aktuelle Wahrnehmungsfeld ausfüllen, geht dies häufig mit Misserfolgserwartungen in Bezug auf die anstehende Situation und übergeneralisierend auch mit Zweifeln gegenüber der Sinnhaftigkeit der Beratung und der Fortsetzung der Elternschaft insgesamt einher. Umso wichtiger, dass wir als Beraterinnen und Berater nicht selbst in einen Strudel von Aussichtslosigkeit geraten, sondern…

- möglichst fein die konstruktiven, wertschätzenden (Mikro-) Momente zwischen den Elternteilen wahrnehmen und versprachlichen (z. B. ein Blickkontakt, eine gemeinsame Körpersprache, eine weiche mimische Regung etc.), soweit die Beziehungssicherheit der Eltern und die Gesprächsatmosphäre dies zulassen, also die Eltern im weiteren Gesprächsprozess mit der Rückmeldung auch umgehen können.
- die gemeinsamen Ressourcen, Kompetenzen aus der Vergangenheit ansprechen, soweit sie mindestens am Rande der Gewahrwerdung der Elternteile verfügbar sind, also nicht komplett abgewehrt werden.

- aktuelle (Mikro-)Vereinbarungen, gelungene Kommunikationserfahrungen in der Beratung bemerken und benennen, z. B. die Einigung auf einen nächsten Gesprächstermin oder eine Informationsweitergabe über den anstehenden Elternabend in der Kita.
- übergeneralisierende Äußerungen („immer“, „nie“ „so ist es“ „er/sie ist so“ etc.) benennen und ihnen differenzierend begegnen (z. B.: „Dieses gelingt Ihnen… jenes fühlt sich mühsam an“)
- Zweifel, Ohnmachtsgefühle oder Konflikthaftigkeit normalisierend begleiten („Das fühlt sich bei Eltern in Ihrer Situation häufig verzweifelt an…“, oder: „Sie fühlen sich ohnmächtig angesichts des Konfliktes, den Sie gerade haben, das kann ich Ihnen beiden gut nachfühlen“) und sie als Phänomene auf dem Weg der Trennung auffassen, statt als Anzeichen für ein endgültiges und umfassendes Scheitern.
- gegebenenfalls daran erinnern, dass in der Beratung etwas „Neues“ probiert werden kann, ohne dass deshalb alles andere schon bereinigt sein muss.
- destruktive Kriegsmetaphern (z. B.: „Wir hocken im Schützengraben“, „Da kommt wieder die Breitseite“ etc.), aktiv ansprechen, die elterliche Wahrnehmung der jeweiligen inneren Wirkung begleiten und sie ermutigen, mindestens für einige Situationen alternative Bilder zu finden, die sich ebenfalls passend anfühlen (z. B.: „Wir sitzen in einem Boot und müssen sehen, wie wir in die gleiche Richtung rudern können“). Zur kreativen Arbeit mit Sprachbildern und Metaphern ist das Werk von Spangenberg & Spangenberg (2013) sehr zu empfehlen.
- die Wahrnehmung, im Konflikt dem Verhalten des anderen Elternteiles „ausgeliefert“ zu sein, explizit konfrontieren. Die Berateräußerung „Sie sind sich aber offensichtlich ganz einig darin, sich streiten zu *wollen*“ wird zunächst meist umgehend zurückgewiesen aus dem Gefühl heraus, sich mit der anderen Seite streiten zu *müssen*. Schon können Eltern begleitet werden bei der Beschäftigung mit der eigenen Wahlfreiheit, der Verantwortlichkeit für ihr Verhalten, dem Um-

gang mit ihren Emotionen und damit, wie sie Selbststeuerungskompetenz zurückgewinnen können.

Damit Eltern zurück auf ihre Elternthemen kommen können, kann es unterstützend sein, an die eigentliche Zielsetzung der Eltern in der Beratung zu erinnern (allgemein gewöhnlich die Verbesserung der Nachtrennungssituation für die gemeinsamen Kinder) oder das Kind bzw. die Kinder zirkulär mit einzubeziehen, indem die Elternteile ermutigt werden, sich in die kindliche Situation hineinzuversetzen, wie es sich anfühlt, zwischen den Eltern zu sitzen, oder welche kindlichen Bedürfnisse angesichts der Konfliktsituation wahrnehmbar sind.

Wichtig ist hier, dass Eltern sich dabei nicht primär auf die inhaltlich strittigen Fragen beziehen (z. B.: „Wo würde meine Tochter lieber wohnen?“), weil dies die aktuelle Konflikthaftigkeit eher erhöht, wenn beide die Überzeugung haben, sich besser in das Kind einfühlen zu können. Sondern es geht vor allem um die kindlichen Gefühle in Bezug auf die Konflikthaftigkeit der Eltern!

Die elterliche Einfühlung in die kindliche Situation kann unterstützt werden, indem die Kinder, symbolisiert als geschlechtsentsprechende Puppen, auf Stühle mit Namensschildchen zwischen die Eltern gesetzt werden. Manche Eltern sind auch bereit, ein Foto ihres Kindes aus einer für die Eltern möglichst neutralen Situation mitzubringen, welches dann zwischen den Eltern Platz finden kann. Aus der Beratungssituation heraus reicht es meist auch, mit dickem Stift den Namen des Kindes auf ein Stück Papier zu schreiben und in die Mitte vor die Eltern zu legen.

Sollten die Eltern beide große Schwierigkeiten beim kognitiv-emotionalen Perspektivwechsel haben, kann auch ein Verbalisierungsangebot aus der Einfühlung der Beraterin oder des Beraters unterstützend sein (z. B.: „Wenn ich als Annika hier zwischen Ihnen sitze, fühle ich mich…“). Auch hier geht es nicht um die mögliche inhaltliche Positionierung des Kindes zu einem Elternthema, sondern um die Gefühle, die zerstrittene Eltern im jeweiligen Kind durch die Konfliktspannung auslösen (z. B. Verwirrung, Ängste, Zerrissenheit, Loyalitätsdilemmata).

Eine weitere Möglichkeit ist das Angebot einer Mini-Aufstellungsarbeit: Die Eltern werden nacheinander gebeten, eine Puppe für sich selbst auszusuchen, diese auf den eigenen Platz zu setzen und dafür in der Rolle des Kindes auf dem Kinderstuhl Platz zu nehmen mit der Kinderpuppe im Arm. Entsprechend der entstehenden Anmutungen und Gefühle könnte das „Kind" anweisen, die Anordnung der „Elternstühle" so zu verändern, dass es sich angenehmer, passender anfühlt. Das kindliche Bedürfnis kann auch probeweise als ein Satz mit einer Botschaft an die Eltern formuliert werden.

Wenn die Eltern nicht offen genug sind, in Gegenwart des anderen Elternteiles die dabei entstehenden Gefühle zu äußern, wie dies bei hoch zerstrittenen Eltern häufig der Fall ist, ist diese Intervention im Einzelberatungssetting häufig eher möglich. Der einzige Unterschied ist hier, dass auch für den anderen Elternteil eine Puppe ausgesucht werden muss. Es empfiehlt sich dann, den entsprechenden Elternteil zunächst dabei zu begleiten, in die Rolle des Kindes zu gehen, und die Auswahl der Elternpuppen aus der kindlichen Perspektive vorzunehmen.

Das *Verlangsamen* von Prozessen gehört in vielen Beratungsfeldern zu den wichtigsten Interventionen. Ohne Druck auf die innere Erfahrungswelt schauen zu können, ist für Eltern in der Trennungsberatung eine grundsätzliche Voraussetzung dafür, dass sie…

- ihre Gefühle, Bedürfnisse und Ziele, aber auch den anderen Elternteil überhaupt präziser und differenzierter wahrnehmen
- inneren Abstand zu hochschießenden Gedanken und Affekten erreichen
- die Beratung in Setting, Dauer und Gestaltung als einem vom Alltag verschiedenen Ort erleben
- sich dem anderen Elternteil konstruktiv zuwenden und sich zu Elternthemen austauschen können.

Verlangsamende Wirkung haben unter anderem folgende Interventionen:

Explizites Verlagsamen: Die Beraterin oder der Berater sprechen direkt an, dass sie den Gesprächsprozess verlangsamen möchten:

Berater 2: „Hr. W., darf ich Sie kurz unterbrechen? … Ich nehme wahr, dass Sie gerade recht schnell sind und würde Sie gerne einladen, nochmal in Ruhe auf diesen Aspekt zu schauen. Der war Ihnen wichtig vorhin, jetzt habe ich gerade den Eindruck, er fällt unter den Tisch…"

Oder sie benennen konkret, wenn eine Seite reflexartig auf die andere reagiert:

Beraterin 1: „Ich sehe, es ist Ihnen danach, sofort darauf einzusteigen. Vielleicht können Sie kurz innehalten oder tief durchatmen. Mit etwas Abstand ist es vielleicht leichter, darauf eine passende Antwort zu finden. Wenn sie mögen, können sie auch kurz wiederholen, was Sie gerade von Fr. W. verstanden haben."

Einfühlsames Wiederholen: Hier wiederholt die Beraterin oder der Berater die Aussage des Elternteiles mit eigenen Worten, um diesem den Abgleich des Gesagten mit dem innerlich Gespürten und Gemeinten zu ermöglichen. Dies schafft Reflexionsraum und wirkt im Mehrpersonensetting deeskalierend, weil der andere Elternteil nicht unmittelbar auf die Äußerung einsteigen kann, sondern die Wiederholung durch die Beraterin oder den Berater zwischengeschaltet ist.

Dies gilt auch für die *Verbalisierung von Erfahrung*: Die Beraterin oder der Berater macht ein Symbolisierungsangebot aus der einfühlenden Wahrnehmung der inneren Erfahrungswelt des Elternteiles, versucht also aktuelles Erleben zu explizieren, welches dem Elternteil selbst nur am Rande der Gewahrwerdung verfügbar ist. Beispiel aus einem Einzelgespräch:

Frau W. rutscht auf dem Stuhl halb herunter, hält den Kopf gesenkt, klammert sich mit beiden Händen an die Sitzfläche und sagt: „Ich habe wahrscheinlich alles falsch gemacht…"
Beraterin 1: „…und das lastet schwer auf Ihnen." (Fr. W.: mhm) „…Sie schämen sich…" Fr. W. (wiederholt langsam): „…ich schäme mich…" (schaut auf), „ja, genau!"

Zusammenfassen von Gesagtem: Eine Zusammenfassung wirkt nicht nur entschleunigend, sondern hilft gerade bei längeren oder weitschweifigen Äußerungen beim Sortieren und Priorisieren von Inhalten:

Berater 2: „Hr. W., darf ich zusammenfassen, was ich gehört habe, damit nichts verlorengeht." (Hr. W. nickt) „Sie haben zunächst beschrieben, wie wichtig es Ihnen ist, dass Sie sich als Eltern trotz des neuen Partners von Frau W. weiter in Erziehungsfragen abstimmen und dafür einige Beispiele genannt. Zwischendurch betonten Sie, dass Sie bei der Übergabe der Kinder an der Haustür nicht auf den neuen Partner treffen möchten, weil Sie Sorge haben, sich dann nicht gut von Ihren Kindern verabschieden zu können. Habe ich das richtig verstanden, dass das eigentlich zum Thema „Übergaben" gehört? Oder meinten Sie es als Beispiel für eine Erziehungssituation?"
Herr W.: „Nein, nein, das stimmt, das können wir dann beim Thema „Übergaben" besprechen."
Berater 2: „Habe ich etwas vergessen, was Ihnen gerade noch wichtig war?"

Gesprächsverläufe verlangsamen sich automatisch, wenn die wichtigsten Inhalte vom Beratungsteam *schriftlich festgehalten* werden, was für die Eltern ebenfalls den Vorteil hat, das Visualisierte nochmals mit dem Gemeinten abgleichen zu können.

Hier empfiehlt sich die Spaltentechnik, damit beide Elternteile ihre eigene Perspektive wiederfinden können und diese mit der anderen Seite vergleichen können. Von daher lohnt es sich, die von beiden Elternteilen geäußerten Inhalte zweimal festzuhalten, um die Übereinstimmung sichtbar zu machen.

Das Verschriftlichte hat grundsätzlich bis zu einer abschließenden Vereinbarung offenen und vorläufigen Charakter. Von den Elternteilen können zu eigenen Inhalten Ergänzungen, Modifizierungen oder Streichungen in Auftrag gegeben werden.

Interventionen bei eskalativen Konfliktsituationen aufgrund hoher psychovegetativer Erregung

Die Verlangsamung als Interventionsprinzip erhält in Situationen, in denen mindestens ein Elternteil zunehmend psychovegetativ erregter wird, einen besonderen Stellenwert. Grundsätzlich entsteht durch das personzentrierte Beziehungsangebot eine ruhige, sichere Atmosphäre, dennoch kann die Anwesenheit des anderen Elternteiles je nach Verletzungsgeschichte und/oder die Arbeit an einem belastenden Thema stark konfrontierend wirken. Bei langsam zunehmender Erregung kann es mit den beschriebenen Verlangsamungsmöglichkeiten gelingen, eine eskalative Spirale zu unterbrechen, bevor sie richtig in Gang kommt.

Wie im Abschnitt zum personzentrierten Erklärungsmodell zur Konfliktentstehung geschildert, geht in *eskalativen Konfliktmomenten* die Fähigkeit zur reflexiven Distanzierung, divergentem und perspektivenbewusstem Denken allerdings manchmal auch abrupt und vollständig verloren.

Psychovegetative Erregungszustände können sich je nach Ausprägung in Aufregung mit kognitiver Einengung, reduzierter Selbst- und Beziehungswahrnehmung bis hin zu verzweifeltem, wütendem oder hasserfülltem Schreien, aber auch ängstlichem Zittern oder eruptivem (jedoch nicht-kathartischem!) Weinen äußern.

Die Eltern beschreiben diese Momente im Nachhinein als ein „Außer-sich-sein" (z. B.: „Ich war nicht Herr meiner Sinne und konnte es nicht mehr steuern"). Obwohl eskalative Situationen in dieser starken Form eher selten sind und nur kurz andauern, ist es nützlich, in der Arbeit mit getrennten Eltern auch darauf vorbereitet zu sein.

In diesem mentalen Zustand können die Eltern natürlich nicht weiter am Thema arbeiten, sondern sie benötigen aktive

Anleitung dabei, die Krise zu bewältigen. Für uns als Beraterin oder Berater ist es in solchen Augenblicken notwendig, deutlich wahrnehmbar zu sein – zum Beispiel über eine klare Stimme in erhöhter Lautstärke und relativ kurzen Botschaften aber auch mit einer eindeutigen Köpersprache. In der Co-Arbeit ist es darüber hinaus möglich, sich aufzuteilen und beide Elternteile getrennt voneinander zu begleiten.

Der Aspekt der Schutzbedürftigkeit spielt bei dieser Art der Krisenintervention eine entscheidende Rolle. Ein bereits erwähntes Grundprinzip in der Arbeit mit getrennten Eltern ist, keine neuen Verletzungen in der Beratung zuzulassen. Die nach außen gerichtete Entgleisung muss daher möglichst prompt durch ein lautes „Stopp“-Signal unterbrochen werden, notfalls in Verbindung mit schützenden Maßnahmen für den anderen Elternteil (kurze Aufforderung aus dem Blickfeld zu gehen, mit dem anderen Berater den Raum zu verlassen etc.). Interaktionen zwischen den Elternteilen werden sofort unterbrochen zugunsten einer klaren Übernahme der Prozesssteuerung (z. B.: „Stopp! Hören Sie meine Stimme? Schauen sie mich an! Atmen sie aus! Senken Sie dabei die Schultern“ etc.).

Bei Angstzuständen oder heftigem Weinen ist es die Person selbst, die Schutz benötigt. Gewöhnlich wird hierbei der betroffene Elternteil vor dem anderen abgeschirmt: Durch einen Berater, der sich zwischen die Stühle stellt, einen Raumteiler (Plakatwand, Flip-Chart etc.) oder einer Veränderung des Sitzwinkels, so dass der andere Elternteil nicht mehr sichtbar ist. Je nach aktueller Bindungsanfrage kann eine Beraterin z. B. zu ruhigerer Atmung anleiten oder eine Decke anbieten, die sich der Elternteil über die Schultern legen kann.

In beiden Fällen ist es wichtig, dass wir als Beraterinnen und Berater nicht selbst „eskalieren“, sondern so weit wie möglich ruhig bleiben und dem zur Zuspitzung beitragenden Verhalten nicht wertend begegnen – wie es zu der konflikthaften Entwicklung gekommen ist, kann gegebenenfalls später immer noch in Ruhe besprochen werden.

Sollte sich die Situation zwischen den Eltern nicht unmittelbar beruhigen lassen, so dass die Arbeit an einem Thema nicht fortgesetzt werden kann, ist es im Co-Setting gewöhnlich sinnvoll, die Beratungssitzung als Einzelberatung in zwei getrennten Räumen zu beenden. Nicht nur die Beruhigung ist durch die Veränderung im Setting leichter, sondern häufig wird schon die direkte Aufarbeitung der Krisensituation möglich.

An Ende steht dann eine Verabredung über das Setting in der darauffolgenden Sitzung, die mit dem anderen Elternteil im Nebenzimmer rückgekoppelt wird. Wenn nicht beide Elternteile wieder für gemeinsame Beratung bereit sind, würde auch der nächste Termin zur weiteren Aufarbeitung im Einzelsetting stattfinden, dann aber vorzugsweise mit jeweils beiden Beratungskräften.

Alternativ kann auch die Fortsetzung als zeitgleiche Beratung nach dem Shuttleprinzip erfolgen, wenn die Arbeit an Elternthemen im Vordergrund steht, aber aufgrund der eskalativen Schwierigkeiten die Eltern (aktuell) nicht mehr direkt aufeinandertreffen können. Dann würden die Beratungskräfte jeweils zu zweit mit einem Elternteil sprechen und die Anliegen und Vorschläge in neutralisierter Form zu dem anderen Elternteil in den Nachbarraum transportieren.

Von erfolgreichen Absprachen zu einer praktikablen Vereinbarung

Um (neues) Vertrauen in Kommunikation und Vereinbarungen entwickeln zu können, brauchen Elternteile in der Beratung zunächst kleine Abspracheerfolge und die Erfahrung, dass diese im Alltag zwischen den Sitzungen überwiegend funktionieren.

Zum Beispiel besprechen Eltern eine regelmäßige wöchentliche Telefonzeit von einer halben Stunde, in der ein Austausch über aktuelle Erziehungssituationen, Termine usw. möglich sein soll. Das Co-Beratungsteam begleitet die Eltern dabei, die Absprache inhaltlich zu präzisieren (Was soll besprochen werden und was auf gar keinen Fall? Wer ruft an?) und wie mit Ausnahmen umgegangen wird. In den darauffolgenden Sitzungen können die Eltern reflektieren, wie die Absprache funktioniert hat – hier gilt es der häufigen Tendenz zur Übergeneralisierung (z. B.:

„Letzten Donnerstag hast du nicht angerufen, das ist der Beweis für deine Unzuverlässigkeit, wir können es gleich ganz lassen") differenzierend entgegenzuwirken (z. B.: „Was hat funktioniert... wo kann man noch nachbessern?"). Die eigenen Hintergründe der Mutlosigkeit, Misserfolgserwartung, Übergeneralisierung etc. können bei Bedarf meist besser in Einzelgesprächen aufgearbeitet werden.

Häufig wird am Ende einer erfolgreich verlaufenen Trennungsberatung von Eltern eine *schriftliche Vereinbarung* angestrebt. Diese kann von Eltern als eine Art allgemeines „Elternmanifest" mit grundsätzlichen Aussagen zur Haltung zueinander und Erziehungsleitlinien formuliert werden.

Meist aber wird neben einem einführenden „programmatischen" Teil (z. B.: „Wir kommen überein, dass wir trotz des Scheiterns unserer Ehe beide weiter gut für unsere Kinder X und Y da sein wollen. Dazu gehört ein freundlicher Umgang miteinander, wichtige Entscheidungen, die die Kinder betreffen, werden wir gemeinsam besprechen" usw.) auch der konkrete Umgang mit einzelnen Situationen vereinbart. Das kann zum Beispiel die Betreuungszeiten, die Aufteilung bestimmter Aufgaben (z. B. Arztbesuche für Y oder Organisation des Wettkampfsports für X) oder die Kommunikation der Eltern (z. B. keine langen Gespräche, wenn die Kinder übergeben werden, dafür E-Mail-Verkehr oder regelmäßige Telefonate etc.) betreffen.

Eltern haben gewöhnlich mehr Vertrauen in (schriftliche) Vereinbarungen, wenn sie diese während der Zeit der Beratung bereits eine Weile erprobt haben, so dass klar ist, dass sie realistisch und im Alltag längerfristig umsetzbar sind. Allgemein ist es günstig, als Teil der Vereinbarung mit aufzunehmen, wie mit Ausnahmen, Veränderungen einer Regelung und Krisenfällen umgegangen wird, z. B.:

„Wenn ein Elternteil ein Betreuungswochenende tauschen möchte, wird gegenüber dem anderen so früh wie möglich, mindestens aber 4 Wochen vorher per E-Mail angefragt. Der andere Elternteil antwortet so bald wie möglich, spätestens aber eine Woche nach der Anfrage"... „Wenn keine

Einigung zustande kommt, bemühen sich beide Elternteile um einen Termin in der Beratungsstelle".

Auch über die Gültigkeitsdauer, die die Vereinbarung haben soll, können die Eltern entscheiden, ebenso ob sie sie ganz oder in Teilen notariell beurkunden lassen wollen. Vielen Eltern reichen aber auch mündliche Absprachen oder die Ergebnisprotokolle aus den Sitzungen als Richtschnur für zukünftiges elterliches Handeln.

Auch eine Trennungsberatung, die nicht in eine formale Vereinbarung einmündet, kann von den Eltern als erfolgreich wahrgenommen werden, zum Beispiel weil sich die Atmosphäre zwischen ihnen entspannt hat und sie zuversichtlicher sind, zukünftig besser kooperieren zu können.

11 Beratung in besonderen Elternkonstellationen

In diesem Anschnitt werden einige Elternkonstellationen beschrieben, die in der Trennungsberatung in ähnlicher Form immer wieder auftauchen. Das Ziel ist hierbei nicht, eine allgemeingültige „Typologie" zu entwickeln, dafür sind bei genauerer Betrachtung die Eltern und ihre Inkongruenzdynamiken individuell zu viel unterschiedlich. Jedoch sollen die unterschiedlichen diagnostischen und beraterischen Herausforderungen nochmal praxisbezogen deutlich werden.

Gefühlsvermeidend-distanzierter gegenüber hocherregt-verwickeltem Elternteil

Von Sydow (2002) beschreibt die Bindungskonstellation „unsicher-vermeidend" und „unsicher-ambivalent" als eine sehr beliebte Partnerwahl, weil in der Verbindung dieser beiden zunächst die eigene Emotionsregulation vom Gegenüber übernommen wird: Der unsicher-vermeidende Partner erfährt durch den ambivalenten intensive, in der ersten Zeit vor allem faszinierende positive Gefühle, die dieser selbst nicht erleben kann. Umgekehrt erlebt der unsicher-ambivalente Partner durch den anderen die Kontrolle und Begrenzung starker negativer Emotionen.

Was zunächst als Selbst-Erweiterung begrüßt wird, kann auf Dauer eine höchst leidvolle Dynamik annehmen. Der unsicher-ambivalente Partner fühlt sich in seinem Bindungshunger auf der Suche nach Nähe ständig abgewiesen und versucht umso mehr, die Aufmerksamkeit und Nähe durch hoch emotionalisierte Kommunikation sicherzustellen. Der unsicher-vermeidende Partner fühlt sich durch die starke Emotionalität und die Nähewünsche bedrängt und zieht sich umso mehr zurück, je verzweifelter der Ambivalente versucht, eine emotionale Reaktion bei ihm zu erreichen.

In der Trennungsberatung angekommen, haben Eltern dieser Bindungskonstellation meist unzählige strittig verlaufene Kommunikationssequenzen ohne Auflösung der Konfliktspannung hinter sich, so dass bei allem Leidensdruck die Hoffnung auf Veränderung gering ist.

Der unsicher-vermeidende Elternteil kommt mit dem Anliegen, auf jeden Fall vor überflutenden Emotionen geschützt zu sein, verhält sich dementsprechend distanziert. Er erwartet von den Berater/innenn vor allem, dass seine Grenzen beschützt werden und er sich möglichst mit seiner eigenen Emotionalität „nicht auch noch" beschäftigen muss. Der unsicher-ambivalente Elternteil hingegen versucht hocherregt „endlich" in seinen Bedürfnissen nach emotionaler Regulation gesehen und befriedigt zu werden. Er wünscht sich neben Nähe und Verständnis von den Beraterinnen und Beratern vor allem, dass sie die Beziehungsaufnahme zu anderen Seite ermöglichen, die sich der Beratungssituation wenigstens „nicht wieder entziehen" könne.

In dieser Konstellation wird die Arbeit an der Beziehungsdynamik gewöhnlich einen breiten Raum einnehmen, weil sie bei Versuchen, inhaltliche Anliegen (z. B. Informationsweitergabe bzgl. der Kinder) zu besprechen, unwillkürlich immer wieder mit in Gang kommt. Da möchte die eine Seite am liebsten jederzeit wissen, was die andere mit den Kindern macht und dass sie allzeit erreichbar ist, während die andere Seite auf Autonomie pocht und nur das Nötigste absprechen möchte. Das Gelingen der Beratung in Bezug auf erfolgreich umsetzbare Absprachen wird entscheidend davon abhängen, inwieweit die emotionalen Hintergründe der Nähe-Distanz-Dynamik verbalisiert werden können.

So wird der hocherregt-verwickelte Elternteil häufig innerlich von starken Verlassenheitsängsten gequält und wünscht sich emotionale Resonanz, einen stabilen Halt angesichts der starken eigenen Gefühlsauslenkungen – für den Ex-Partner bzw. die Ex-Partnerin wird jedoch vor allem die aggressiv-fordernde Seite sichtbar. Der gefühlsvermeidend-distanzierte Elternteil hat – entwicklungspsychologisch betrachtet – zu wenig angemessen feinfühlige Symbolisierungsangebote für die emotionalen Tönungen seiner Erfahrungen erhalten, so dass er eigene und fremde Emotionen nicht gut fassen und einordnen kann. Aus Angst vor zu großer, nicht mehr regulierbarer emotionaler Beteiligung vermeidet er emotional aufgeladene Situationen. Der Ex-Partner bzw. die Ex-Partnerin erlebt allerdings vor allem seine distanzierte Verweigerung.

In der Beratung kommt es also darauf an, die Beziehungsdynamik anzusprechen und die zugrundliegenden Ängste und Bedürfnisse wertschätzend begleiten zu können. Während die Ängste meist eng mit biografischen Erfahrungen aus der Zeit lange vor der Paarbeziehung verbunden sind und deshalb in Einzelpsychotherapie oder -beratung in der Regel leichter exploriert werden können, gehört die Konfrontation mit der Beziehungsdynamik und die Verbalisierung der Bedürfnisse an den anderen Elternteil in die gemeinsame Beratung.

Frau P. (50 Jahre, Einzelhandelskauffrau) und Herr A. (46 Jahre, Elektrotechniker) haben einen gemeinsamen Sohn Karl, 12 Jahre. Frau P. hat bereits drei ältere Kinder von zwei anderen Vätern, die (teils volljährig mit eigenem Kind, teils fremdplatziert) nicht mehr im Haushalt der Mutter leben, während Karl für Herrn A. das einzige Kind ist.

Die Familie meldete sich selbst an, ist von früheren Beratungen bekannt. Kurz nach Beginn der vierten Sitzung:

Frau P. (mit lauter Stimme, schnell): „Mit Karl geht das gar nicht mehr! Wenn ich nach Hause komme, ist die Wohnung ein Schlachtfeld! Alles lässt er stehen und liegen, das geht so nicht. (…) Ich reiße mir den Hintern auf, damit genug Geld da ist, und er macht alles kaputt. Du musst unbedingt mit ihm reden! Alleine kann ich das nicht mehr!"
Herr A. (zurückhaltend, sachlicher Tonfall): „Klar kann ich mit ihm sprechen. Aber bei mir ist alles in Ordnung. Ich habe kein Problem mit ihm."
Frau P.: „Das sagst du auch immer, aber das kann ich mir nicht vorstellen!"
Herr A. (wirkt jetzt doch leicht genervt): „Und ich kann mir nicht vorstellen, dass das so schlimm sein soll mit Karl. Wir haben doch schon drüber gesprochen. Wenn du mit ihm überfordert bist, kann er jederzeit bei mir wohnen."
Frau P. (kommt richtig in Fahrt): „Das stellst du dir so einfach vor! Du weißt doch genau, dass das nicht geht, Du bist doch die halbe Woche auf Montage, wie willst du das denn machen? Das hättest du wohl gerne, dass ich dann in der großen Wohnung ganz alleine bin, oder was?"
(…)
Berater 1: „Wir haben Ihnen jetzt eine Weile zugehört, ich würde Sie gerne hier unterbrechen, weil ich den Eindruck habe, dass Sie sich im Kreise drehen. Von Ihnen, Frau. P., habe ich verstanden, dass Sie sich von Ihrem Sohn zuhause momentan sehr herausgefordert fühlen. Sie fühlen sich hilflos, weil Sie erzieherisch keine Fortschritte sehen, sondern viel Extrabelastung durch seine Unord…
Frau P. (unterbricht schnell): „Es ist ja nicht nur das…"
Beraterin 2 (unterbricht auch): „Entschuldigung, Fr. P. könnten Sie noch einen Moment zuhören? Sie können gleich nachher etwas dazu äußern. Ist das ok?"
Frau P. (atmet tief durch): „Na gut…"
Berater 1 (immer noch an Fr. P. gerichtet): „Deshalb wünschen Sie sich Unterstützung vom Vater und hoffen, dass er etwas ausrichten kann."
Berater 1 (an den Vater gerichtet): „Bei Ihnen nehme ich wahr, dass Sie versuchen ruhig zu bleiben. Sie haben zugesagt, mit Karl zu sprechen, aber erleben ihn bei sich ganz anders. (Herr A. nickt: „Ja genau!") Insofern sehen Sie die Schwierigkeiten der Mutter eher distanziert und wirken etwas genervt, dass Sie sich immer wieder damit auseinandersetzen müssen."
Beraterin 2 (an beide): „Kann es sein, dass Sie hier eine Art Verfolgungsrennen miteinander machen? Eigentlich ist es egal, an welcher Stelle wir

bei dem Kreislauf beginnen: Je mehr Sie, Frau P., sich im Stich gelassen fühlen, desto vehementer treten Sie an den Vater heran. Und je mehr Sie, Herr A., sich bedrängt fühlen, umso mehr gehen sie auf Distanz und versuchen sich von der Aufregung der Mutter immer weniger anstecken zu lassen. Das lässt Sie, Frau P., noch lauter auf die Probleme hinweisen und so weiter. Für Sie beide muss sich das ziemlich anstrengend und verzweifelt anfühlen.

Frau P.: „Ja, auf jeden Fall, so ist das. Immer, wenn ich versuche, von ihm verstanden zu werden, laufe ich ins Leere!"

Berater 1: „Hr. A., wie geht es Ihnen mit dem, was die Kollegin gerade sagte?"

Hr. A.: „Ja, kommt hin."

Berater 1: „Meine Idee ist, dass Sie nochmal schauen können, was eigentlich Ihre Bedürfnisse an den anderen sind (…) und wie Sie diese so äußern können, dass Sie besser in Kontakt kommen und erfolgreicher als Eltern über Karl sprechen können (…).

Regressiv-impulsive Eltern: Die Kindlichen

Es gibt Eltern, die vom grundsätzlichen Konfliktniveau her eigentlich nicht hoch strittig sind, im Alltag jedoch plötzlich hoch schießende Eskalationen miteinander erleben, denen immer wieder ein kurzzeitiger Kontaktabbruch z. B. mit hasserfüllten Entwertungen und Umgangsentzug folgt. Diese Eltern sind noch stark miteinander verwickelt, haben hoch ambivalente Gefühle füreinander (z. B.: „Wir lieben uns und wir hassen uns. Keine Ahnung, warum – aber Beziehung geht auf Dauer nicht.") und sind klassischerweise auch in ihrer Herkunftsfamilie noch eng eingebunden. Sie bekleiden also die Elternrolle, fühlen sich gleichzeitig noch in ihrem Elternhaus als Kinder, dementsprechend häufig sind auch die Großeltern einer oder sogar beider Seiten tonangebend in der Erziehung ihrer Enkel.

Im besten Fall wirkt sich diese Einflussnahme für die Beziehung der meist (aber nicht zwangsläufig) jungen Eltern mäßigend auf deren Konflikthaftigkeit aus. Wenn sich die Großeltern allerdings selbst in einer „Fürsorgekonkurrenz" oder „Lebensstilkonkurrenz" zueinander oder den Schwiegerkindern gegenüber befinden, kann sich das auch sehr lähmend auf die Einigungsbereitschaft der Eltern in der Beratung auswirken.

Wir treffen in der Trennungsberatung also auf Eltern, die streckenweise kooperativ (in einigen Fällen sogar erotisiert-flirtend) miteinander umgehen und Absprachen mit Leichtigkeit treffen, um dann aus – von außen betrachtet – nichtigen Anlässen komplett ihre emotionale Regulation verlieren, hocherregt „ausrasten" und sich unflätig beschimpfen.

Diese Elternteile mit fragilem Selbstkonzept und geringem Selbstvertrauen in die eigenen Selbststeuerungsmöglichkeiten brauchen von uns als Beraterinnen und Berater in kritischen Momenten eine klare Struktur und wahrnehmbare Interventionen, die ihnen helfen, ihre überflutenden Affekte zu regulieren. Jenseits der eskalativen Momente ist eine Begleitung von Absprachen gut möglich.

Frau J. (25 Jahre, Kellnerin) und Herr F. (27 Jahre, Lagerist) kannten sich drei Monate, als sich Lukas (heute 5 Jahre) ankündigte. Beide fühlten sich „eigentlich" für ein Kind zu jung, „versäumten" jedoch den Termin für einen Schwangerschaftsabbruch. Während Frau J. noch bei ihren Eltern lebte, bewohnte Herr F. ein Einzimmerappartement. Noch in der Schwangerschaft trennte sich das Paar nach dem ersten heftigen Streit – gerade als Herr F. eine größere Wohnung gefunden hatte, in die er dann trotzdem einzog. Damit Frau J. schnell wieder arbeiten konnte, übernahm ihre Mutter die Betreuung von Lukas. In der Gaststätte, in der Frau J. arbeitete, trafen sich die Eltern wieder und verliebten sich erneut ineinander. Kurz darauf zog Frau J. mit Lukas (ca. 7 Monate) gegen den Willen ihrer eigenen Mutter zu Hr. F., der seitdem in seiner Vaterrolle aufging und abends, wenn Frau J. arbeitete, den Jungen ins Bett brachte. Der Kontakt zwischen Herrn F. und den Großeltern mütterlicherseits war von Beginn an konfliktreich. Die Großmutter machte keinen Hehl daraus, dass sie die Partnerwahl ihrer Tochter für einen Fehler hielt. In den ersten Lebensjahren von Lukas führten seine Eltern eine „On-off"-Beziehung, was bedeutete, dass der Junge alle paar Monate von der Wohnung des Vaters zu den Großeltern zog und zurück.

Als ein Dreivierteljahr vor Beginn der gerichtsverwiesenen Beratung die Mutter eine kurze Affäre mit einem anderen Mann hatte, setzte Herr F. sie und Lukas im Überschwang gekränkter Gefühle vor die Tür, was die Mutter mit einem Kontaktabbruch zwischen Lukas und seinem Vater beantwortete. Dieser nahm kurze Zeit später das Familiengericht in Anspruch und klagte das Umgangsrecht ein. Übergangslos gewährte Frau J. ihrem Ex-Partner wieder Betreuungszeiten und verbrachte teilweise selbst auch Zeit mit ihm, wenn er mit Lukas auf den Spielplatz oder in den Tierpark ging. An die Beratungsstelle wurden die Eltern zwecks Verbesserung ihrer Kommunikation verwiesen.

Hier ein Auszug aus der dritten Sitzung. Zu Beginn schildern beide, wie gut und spannungsfrei die letzte Zeit zwischen ihnen verlaufen ist. Mühelos treffen sie einige kleinere Absprachen, wer den Elternabend im Kindergarten und den nächsten Arztbesuch mit Lukas übernimmt. Mitten in der scheinbar harmonischen Stimmung kommt es zu einer Eskalation:

Frau J.: „Okay, dann machen wir das so. Ich muss noch was mit dir besprechen. Neulich als er von dir kam, hat er am Abend haufenweise Gummibärchen ausgekotzt. Du gibst ihm schon auch mal was anderes, oder?"

Herr F. (fährt hoch, laut): „Spinnst du? Natürlich! Was soll denn das schon wieder? Hat dich deine Mutter wieder aufgehetzt? Hör lieber auf zu qualmen in der Wohnung, Lukas' Klamotten stinken krass, wenn er kommt!"

Frau J. (nun auch sehr erregt): „Das kann gar nicht sein, Du Idiot! Ich hab' mit dem Rauchen…"

Beraterin 2 (laut und klar): „STOPP! Schauen Sie bitte mich an!" (Herr F. hasserfüllt: „Den Idiot bereust…"; Berater 1 steht auf, stellt sich zwischen die Stühle der Eltern). „Stopp! Atmen Sie tief aus, atmen Sie ein – aus… (kurze Pause) Wenn Sie so wütend sind, können Sie nichts besprechen!" (kurze Pause) „Haben Sie gemerkt, wie schnell das ging, wenn Sie vom anderen einen Vorwurf hören? Sie gehen beide sofort an die Decke!"

Frau J. (schon etwas ruhiger): „Ja, genauso ist das! Das ist total krass! Ich bin sofort auf 180…"

Herr F. (noch aufgebracht): „Dann red' doch nicht so eine Sch…"

Beraterin 2: „Stopp, Herr F.! Versuchen Sie sich zu beruhigen! Sie haben vorher so viel erfolgreich miteinander besprechen können!"

Herr F.: „Ja, das ist ja der Mist! Immer geht alles wieder kaputt."

Berater 1 (nimmt wieder Platz): „Das ist die Frage, ob es danach wirklich wieder kaputt sein muss. Ich verstehe Sie so, dass Sie beide sehr stark aufeinander reagieren, wenn Sie sich angegriffen fühlen. Vor allem die Kritik an Ihren Fähigkeiten als Vater oder Mutter verletzt Sie beide sehr. Hr. F. (schaut Herrn F. an), Frau J. (schaut Frau J. an), gibt es etwas, was Sie vom jeweils anderen brauchen, um nicht immer wieder an die Decke gehen zu müssen?"
Frau J.: „Hmm, mich regt auf, wenn er meine Mutter ins Spiel bringt..." (usw.)

Sobald die Erregung wieder unter ein kritisches Niveau gesunken ist, sind regressiv-impulsive Eltern gewöhnlich schnell wieder in der Lage, sich einander und den Beratern zuzuwenden und Dinge konstruktiv zu besprechen. Kritisch sind diese Eskalationen kurz vor Sitzungsende, hier empfiehlt es sich, notfalls etwas Zeitpuffer zu reservieren, damit die Eltern in abgekühlter Stimmung auseinandergehen. Den Beraterinnen und Beratern wird eine fürsorgliche, elterliche Autorität zugeschrieben, so dass die Begrenzung von Eskalationen in der Regel gut angenommen wird.

Wir haben gute Erfahrungen damit gemacht, diesen Eltern nach Abschluss der eigentlichen Beratungsphase über einen längeren Zeitraum niederfrequente Termine (z. B. zweimal im Jahr und nach Bedarf) anzubieten, damit die im Kommunikationsalltag auftretenden konflikthaften Themen unter Begleitung besprochen werden können.

Die „scheinbare Hochstrittigkeit": Eltern in akuten Krisensituationen

In der Beratungspraxis lassen sich noch einige weitere konflikthafte Phänomene zwischen Eltern finden, die von ihrer Art miteinander umzugehen auf den ersten Blick hochstrittig wirken – deren aktuellen Zerwürfnisse jedoch nicht auf stabil abwertende, dämonisierende Haltungen beruhen, sondern auf akute krisenhafte Zuspitzungen im Trennungsprozess (vgl. Götting, 2020, S. 126ff.).

Für uns als Beraterinnen und Berater kommt es hier darauf an, dass wir uns nicht vom akuten Verhalten vorschnell zu einer generellen Kategorisierung der Eltern als hochstrittig-beratungsresistent verleiten lassen, sondern uns in die derzeitige Lebenssituation möglichst umfassend einfühlen.

In der *akuten Trennungskrise*, in der etwa Gefühle der Ohnmacht, Wut, Trauer oder Verletzung häufig sehr überwältigend erlebt werden, kann ein Aufeinandertreffen in der Beratung schnell eskalieren. Wenn die Trennung frisch ist, kann feindseliges oder abwertendes Verhalten unvermittelt auftreten und sich mit anderen intensiven Gefühlslagen abwechseln. Auch ansonsten feinfühlige Eltern verlieren dann zeitweise den Zugang zu den Gefühlen und Bedürfnissen ihrer Kinder. Diesen Eltern tut es gut, wenn wir als Beraterinnen oder Berater einfühlsam das Außergewöhnliche der aktuellen Situation nachempfinden und normalisierend darauf hinweisen können, dass es sich um eine krisenhaft zugespitzte Situation handelt, die viele Eltern betrifft, wenn die Trennung noch frisch ist.

In der Beratung ist es in diesem Moment vor allem wichtig, ein wertschätzendes Beziehungsangebot zu machen, das den Eltern Sicherheit vermittelt und sie zur Ruhe kommen lässt – vorsichtig konfrontierende Interventionen oder themenbezogene Arbeit werden erst zu einem späteren Zeitpunkt möglich sein, wenn die Eltern sich ausreichend sicher fühlen und Vertrauen in den hilfreichen Charakter des Beratungsangebotes gefasst haben. Die betroffenen Kinder benötigen in der akuten Trennungskrise meist ebenfalls eine außerfamiliäre Unterstützung; ein entsprechendes Beratungsangebot ist vor allem dann wichtig, wenn das Kind nicht schon andere vertrauensvolle Beziehungen zu Lehrkräften, Schulsozialarbeiterinnen, Trainern etc. geknüpft hat.

Auch wenn die Trennungskrise eigentlich überwunden ist, kann es zum Beispiel durch einschneidende Änderungen in der Lebenssituation, z. B. Wohnortwechsel, Arbeitsplatzverlust etc. hin und wieder zu „*Veränderungskrisen*“ (vgl. Götting, 2020, S. 128) kommen. Bislang funktionierende Vereinbarungen scheinen plötzlich hinfällig geworden und dies aktualisiert alte interpersonelle Inkongruenzen (z. B.: „Ich muss mit dem Vater zusammenarbeiten, aber wie kann ich ihm vertrauen, wenn er plötzlich alles über den Haufen wirft?“). Aktuell scheint das Klima feindselig vergiftet, jedoch ist es meist gut möglich, mit den Eltern (oder den Elternteilen im Einzelgesprächen) auf das zu schauen, was eine ganze Weile gut funktioniert hat und was es braucht, damit die Elternzusammenarbeit unter den neuen Rahmenbedingungen wieder in Gang kommen kann. Hier ist es nicht sinnvoll, der Inkongruenzdynamik aus der Zeit der Trennung zu viel Raum zu geben, sondern die Eltern brauchen Unterstützung dabei, neues Vertrauen in die Kooperationswilligkeit des anderen zu entwickeln und konkrete Absprachen treffen zu können.

Das Klima von Hochkonflikthaftigkeit entsteht manchmal auch bei *mehrfach belasteten Eltern*, – also bei Konstellationen, in denen der Elternkonflikt nur ein Belastungsaspekt unter mehreren anderen ist. Risikofaktoren, wie eine prekäre Lebenssituation, wie z. B. Überschuldung, katastrophale Wohnverhältnisse, oder persönliche Probleme (körperliche oder psychische Erkrankung, Suchterkrankungen) können zu einer chronischen Stressbelastung werden und schränken die gemeinsame Elternfunktionalität durch verminderte emotionale Regulations- und Kommunikationsfähigkeiten ein.

Wenn unter dieser dauerhaften Anspannung Gesprächssituationen zwischen Eltern eskalieren, hat der Streit eher eine Ventilfunktion, die Spannung entlädt sich beim Aufeinandertreffen der getrennten Eltern, ohne dass die Elternbeziehung an sich die Hauptursache der Probleme ist. Allerdings kann der Elternstreit in seiner Heftigkeit andere Belastungen überdecken.

Dementsprechend ist es wichtig, dass wir als Beraterinnen und Berater auch die dahinterliegenden vielfältigen Stressoren wahrnehmen – Trennungsberatung hat dann neben der Bearbeitung von Elternthemen die Funktion, die Elternteile (wenn nötig) zu unterstützen, auch andere soziale, psychosoziale oder medizinische Hilfsangebote in Anspruch zu nehmen.

Diskreditierend-vorwurfsvolle Eltern: Mit schwerem Geschütz

Diskreditierend-vorwurfsvolle Eltern(-teile) kommen mit hohem Leidensdruck in die Beratungsstelle, weil sie den Verdacht haben oder fest davon überzeugt sind, dass ihr/e Ex-Partner/in ihrem Kind massiv schadet. Es gibt die einseitige Vorwurfshaltung oder die gegenseitige; die Verdächtigungen bzw. Anschuldigungen sind so schwerwiegend, dass – gesetzt den Fall, sie treffen zu – ein fortgesetzter Kontakt zwischen Kind und anderem Elternteil das Kindeswohl gefährden würde. Klassische Vorwürfe sind hier:

- körperliche, sexuelle und/oder emotionale Gewalteinwirkung
- Alkoholismus oder Suchterkrankung, die eine (passagere) Erziehungsunfähigkeit bedingt bzw. das Kind dadurch Gefahrensituationen aussetzt (z. B. Trunkenheit am Steuer etc.)
- schwere psychische Erkrankung, die eine (passagere oder dauerhafte) Erziehungsunfähigkeit bedingt.
- „unmoralischer" Lebenswandel (Prostitution, offen praktizierter Geschlechtsverkehr usw.)
- chronische Kindesvernachlässigung (z. B. Kind tage-/nächtelang alleine lassen, ständig mangelhaftes oder fehlendes Nahrungsangebot, fehlende Gesundheitsfürsorge etc.).

Für die Beraterinnen und Berater ergibt sich unmittelbar der Zwiespalt zweier unterschiedlicher Aufträge, der durch die Vorwürfe bei einem gleichzeitigen Anfragekontext von Trennungsberatung entsteht: Einerseits soll es z. B. darum gehen, Eltern bei konflikthaften Themen mit dem Ziel der Klärung der Elternebene zu unterstützen, anderseits wird durch die Vorwürfe ein damit nicht zu vereinbarendes zweites Anliegen an die Beraterinnen und Berater herangetragen, nämlich das Kind oder die Kinder vor dem anderen Elternteil zu schützen.

Dies erfordert zwingend eine klare Abgrenzung der Aufträge. Im Kontext von Trennungsberatung kann nicht von gleicher Stelle eine mögliche Kindeswohlgefährdung exploriert werden. Es ist notwendig, den diskreditierenden Eltern(-teilen) gegenüber sofort deutlich zu machen, dass die Aufklärung einer möglichen Gefährdungslage nicht Teil von Trennungsberatung sein kann und von anderer professioneller Seite erfolgen muss.

Unabhängig davon, ob die Verdachtsmomente zutreffen oder nicht, belasten diskreditierende Vorwürfe die Elternebene schwer und reduzieren die Chance auf eine erfolgreiche Trennungsberatung erheblich. Über die Elternfunktionalitätsdiagnostik können Beraterinnen und Berater schnell eine verlässliche Einschätzung darüber erhalten, ob unter diesen Umständen ein Beratungsangebot aktuell sinnvoll ist. Wichtige Fragestellungen hierbei sind:

- Können Eltern(-teile) jenseits der existierenden Vorwürfe dem anderen Elternteil zugestehen, *auch* gut (fürsorglich, unterstützend etc.) für das gemeinsame Kind zu sein oder wenigstens sein zu wollen?
- Wird Elternschaft weiterhin als eine zumindest in Ansätzen gemeinsame Aufgabe betrachtet, die Kommunikation erfordert?
- Und wenn ja: Ist bei den Eltern mindestens in Ansätzen die Haltung vorhanden, dass für die Entstehung und Bewältigung der Konflikte beide Teile verantwortlich sind?
- Und: Kann der Elternteil, dem die Vorwürfe gelten, die entstandene Kränkung durch die Diskreditierung soweit distanzieren, dass Kommunikation mit dem anderen Elternteil (mindestens im „Shuttle") möglich ist?

In Einzelfällen (bei einer nichtdämonisierenden Verdachtshaltung) ist eine „Ambivalenz"- Beratung möglich, in der Absprachen für den Fall, dass die Verdachtsmomente sich nicht bestätigen, getroffen werden können. Meist jedoch ist Elternberatung in dieser Konstellation zum aktuellen Zeitpunkt nicht erfolgversprechend.

Bisweilen wird stattdessen das Angebot einer Einzelberatung dankbar angenommen, wenn es die Bereitschaft gibt, sich den Hintergründen der eigenen Angst bzw. Inkongruenz (etwa zwischen dem Selbstkonzept, ein „guter“ Elternteil zu sein und der Erfahrung von Hilflosigkeit und Verunsicherung) zu stellen.

Die Anfrage nach Unterstützung, wie die diskreditierende Person noch effektiver Verdachtsmomente erhellen und sich in Stellung gegen den anderen Elternteil bringen kann, wird die Beratungsstelle dagegen ablehnen.

Manchmal ist Beratung, wenn die Kindeswohlgefährdung abgeklärt (und ausgeschlossen) wurde, wieder sinnvoll, insofern kann es sich lohnen, bei einem Abbruch darauf zu verweisen, dass die Eltern sich selbstverständlich bei gegebenen Beratungsvoraussetzungen wieder an die Beratungsstelle wenden können. Je nach Grad der Dämonisierung bleiben jedoch trotz Abklärung „Restzweifel“ gegenüber dem anderen Elternteil, die eine Trennungsberatung dauerhaft zu einem Balanceakt werden lassen oder sie verunmöglichen. Häufig ist hier die Begleitung der Eltern dabei, ihre Elternschaft so weit wie möglich zu parallelisieren, also im Alltag so wenig Berührungspunkte wie möglich haben zu müssen, realistischer.

Die kompromisslos Wahrheitssuchenden

Diese Eltern haben viele Belege für ihre eigene Haltung gesammelt und wünschen sich vor allem, dass der andere Elternteil (unter Mithilfe der Beraterinnen und Berater) endlich einsehen möge, wie sehr sie im Recht sind (und der andere im Unrecht). Gerne bringen sie zum ersten Gespräch dicke Aktenordner mit oder schicken schon vorher lange E-Mails an die Beratungsstelle, damit die „Faktenlage gleich richtig eingeschätzt werden“ könne.

Innerpsychisch können die – angesichts des Zusammenbruchs der gemeinsamen Paarkonzeptanteile und der Lebensveränderungen – durch die Trennung auftretenden Gefühle z. B. von Angst und Hilflosigkeit etc. abgewehrt werden zugunsten sehr wenig erfahrungsoffener Selbstkonzeptanteile (z. B.: „Ich bin im Recht“, „Mir ist Unrecht angetan worden“).

In den ersten Gesprächen ist die Irritation vorprogrammiert, wenn die „kompromisslos Wahrheitssuchenden“ feststellen, dass die Beraterinnen und Berater nicht wie gute Schiedsrichter ein „Machtwort sprechen“, sondern sich in Bezug auf die Faktenlage jeder Wertung enthalten. Die personzentrierte Haltung, die *beiden* Elternteilen als Personen unbedingte Wertschätzung entgegenbringt, kann zunächst das Inkongruenzerleben bei den Wahrheitssuchern erhöhen, weil die rigiden Selbstkonzepte durch eine selbstverständliche, gelassene Multiperspektivität herausgefordert werden. Umso wichtiger ist, dass diese Elternteile das unbedingt wertschätzende empathische Beziehungsangebot von den Beraterinnen und Beratern für sich selbst auch als tragend und sicherheitsgebend erfahren können. Andernfalls würden sie sich enttäuscht abwenden und anderswo nach Unterstützern ihrer Wahrheit suchen.

Auch hier kommt es darauf an, möglichst schon in den ersten Einzelgesprächen explizit die Möglichkeiten von Trennungsberatung zu charakterisieren (z. B.: „Wir unterstützen Sie bei der Suche danach, ob und wie Sie miteinander oder getrennt voneinander gute, unterstützende Eltern sein können, obwohl Sie sich als Paar getrennt haben“, oder auch: „Wir können Sie dabei begleiten, mit ihren Verletzungen, Groll usw. so umzugehen, dass Sie…“) – aber auch, was *nicht* die Rolle der Beraterinnen und Berater ist (z. B.: „Wir werden nicht entscheiden, wer hier mehr Recht hat…“).

Wenn Elternteile auf Dauer ausschließlich auf ihrer eigenen Wirklichkeitsauffassung bestehen, kann das Beratung verunmöglichen, weil es dann weder Verhandlungsspielraum noch beiderseitiges Verstehen gibt.

Eltern im Macht-Ohnmacht-Gefälle

Dies gilt auch für Eltern, die durch die Rahmenbedingungen von Elternschaft stark unterschiedliche Einflussmöglichkeiten haben, eine Situation zu ihren Gunsten zu halten oder zu verändern. Dieses Gefälle kann sich beziehen auf…

- wirtschaftliches Ungleichgewicht (z. B. ein reicher Elternteil macht dem Kind viele materielle Angebote und Versprechungen, zu denen die andere Seite nicht in der Lage ist)

- rechtliches Ungleichgewicht (z. B. das Sorgerecht liegt allein bei einem Elternteil, der außeralltägliche Entscheidungen gegen den Willen des anderen durchsetzt)
- Ungleichgewicht in sozialer Unterstützung (z. B. eine Seite wird vom ehemals gemeinsamen Freundeskreis und der eigenen Familie im Konflikt wie auch in der Kinderbetreuung unterstützt, die andere Seite ist sozial isoliert)
- Betreuungsungleichgewicht (durch das Betreuungsmodell verbringt eine Seite deutlich mehr Zeit mit dem Kind als die andere und nutzt diese z. B. für eine Loyalitätsverpflichtung des Kindes, Instrumentalisierung aus etc.)
- Informationsungleichgewicht (meist analog zum Betreuungsungleichgewicht, z. B. eine Seite hat mehr Informationen über den kindlichen Alltag, Gesundheit, Schule, KITA und hält diese weitgehend zurück).

In der Trennungsberatung kennen wir sowohl Eltern, die ihren Machtkampf miteinander auf unterschiedlichen Ebenen führen (z. B. ein Elternteil „hält das Kind zurück“, der andere zahlt den Kindesunterhalt nicht zuverlässig etc.), als auch Eltern, bei denen die Einflussmöglichkeiten insgesamt sehr ungleich verteilt sind: Ein Elternteil ist sehr unzufrieden mit der aktuellen Situation und will sie unbedingt verändern, der andere Elternteil verfügt über hohen Einfluss und sieht keinerlei Veränderungsbedarf (außer vielleicht in Bezug darauf, dass die andere Seite ihm nicht so zusetzen möge).

Wie weiter oben bereits angedeutet, liegt die Veränderungschance *nicht* in der sofortigen Verhandlung zugunsten eines ausgewogeneren Einflussverhältnisses der Elternteile untereinander – weder sieht der einflussreichere Elternteil dazu einen Grund, noch ist es die Rolle der Beraterinnen und Berater, „gerechtere Verhältnisse“ für die Eltern herzustellen.

Die Basis für einen gelingenden Beratungsprozess ist vielmehr dann gegeben, wenn es gelingt, die Eltern mit ihrer starken Bezogenheit auf die eigenen Rechte und Positionen zu konfrontieren.

Obwohl das Kindeswohl auch in dieser Konstellation sehr

häufig von beiden Seiten als Begründungsfigur für die jeweilige Haltung und das eigene Handeln herangezogen wird, fällt es ihnen schwer, sich in die tatsächlichen kindlichen Entwicklungsbedürfnisse einzufühlen.

Die Versuchung des „mächtigeren" Elternteiles ist, seinen Einfluss auf das Kind (welches sich in „Loyalitätsgefangenschaft" zu diesem Elternteil befindet) zu nutzen, um dessen entsprechende Willensbekundungen als Belege für die Rechtmäßigkeit der eigenen Position ins Feld zu führen. Selten wird diese Manipulation bewusst und planvoll herbeigeführt, vielmehr ist die Loyalitätsbindung des Kindes vor der Pubertät an den mächtigeren Elternteil (meist ist es der hauptsächlich Betreuende) vor allem die Folge des aktivierten Bindungssystems angesichts der dauerhaften Verunsicherung durch die elterlichen Konflikte.

Der „ohnmächtigere" Elternteil dagegen prangert zwar die Instrumentalisierung des Kindes durch den mächtigen Elternteil an – dass die Loyalitätsspannung im Kind in der Regel durch die Konflikthaftigkeit *zwischen beiden* Elternteilen (also auch des „schwächeren") entstanden ist, wird für diesen in seiner Selbstwahrnehmung als ohnmächtiges Opfer schwer anzunehmen sein.

Damit sich beide Elternteile ihren Verantwortungsanteilen am Zustandekommen der Konflikte stellen können, brauchen sie eine Phase der Einzelgespräche, in denen ihre Verletzungen aus der Zeit der Partnerschaft und Trennung im Beziehungsklima unbedingt wertschätzender, kongruenter Begleitung durch die Beraterinnen und Berater Raum bekommen. Erst wenn es möglich ist, die aus den verletzten Gefühlen entstandenen Aggressionen gegenüber dem anderen Elternteil wahrzunehmen und zu akzeptieren (z. B.: „Das hat mich so verletzt, dass ich angefangen habe, es ihm in meinem Zorn ‚heimzuzahlen'. Ich habe ihn verloren, dafür sollte er jetzt unser Kind verlieren!"), kann sich der Elternteil den „eigentlichen" Gefühlen hinter dem Konfliktverhalten stellen und dafür Verantwortung übernehmen.

Insgesamt gehört die Begleitung der beiden letztgenannten Konstellationen, also der kompromisslos Wahrheitssuchenden und der Eltern im Machtgefälle zu den Beratungen mit den höchsten Abbruchquoten, weil wir hier meist auf Eltern mit ausgeprägtem Konfliktverhalten bei gleichzeitig starren, fragilen Selbst- und Beziehungskonzepten treffen, die sich entsprechend schwerer auf das personzentrierte Beziehungsangebot einlassen können.

Die instrumentelle Hochkonflikthaftigkeit

Die instrumentelle Hochkonflikthaftigkeit, also das einseitige oder gegenseitige Konfliktverhalten mit der Absicht, der anderen Seite aktiv zu schaden stellt, wie schon erwähnt, eine Kontraindikation für Beratung dar. Über die Elternfunktionalitätsdiagnostik kann der instrumentelle Charakter schnell erkannt werden – in der Gesamteinschätzung anhand der Tabelle als ein insgesamt desorganisiertes Funktionsniveau und anhand des Fremdeinschätzungsbogens vor allem in den Items zur Bindungstoleranz und der Kommunikation.

Neben der Unfähigkeit, sich in die kindlichen Bedürfnisse einzufühlen, weil die feindselige Konflikthaftigkeit das eigene Feld der Wahrnehmung, der Gefühle und Handlungen komplett ausfüllt, kommt die Schädigungsabsicht des anderen Elternteiles unter billigender Inkaufnahme eigener Nachteile und „Kollateralschäden“ beim Kind hinzu. Manchmal wird die Schädigungsabsicht explizit benannt (z. B.: „Ich hasse meine Ex, sie hat mein Leben zerstört, das zahle ich ihr heim, die wird das bereuen!“) meist aber lässt sie sich erschließen über strategisch platzierte Aussagen zur Erziehungsfähigkeit, der moralischen Integrität (wie z. B. bei einem Teil der „diskreditierend-vorwurfsvollen Eltern“).

In manchen Fällen gelingt es, während der ersten Einzelkontakte mit den betroffenen Elternteilen in eine so tragfähige Beratungsbeziehung zu kommen, dass sich das Konfliktverhalten inklusive der Schädigungsabsicht des anderen Elternteiles besprechen lässt. Häufiger jedoch sind Beraterinnen und Berater nach solchen Gesprächen in der Sorge, wie sich die Kindeswohlgefährdung oder mindestens die Entwicklungsgefährdung abwenden lässt. Trennungsberatung kommt an dieser Stelle an seine Grenzen zugunsten von Maßnahmen zur Sicherstellung des Kindeswohls seitens machtvollerer Dritter (in erster Linie Familiengericht, Allgemeiner Sozialdienst im Jugendamt).

12 Typische Fallen in der Trennungsberatung

Die Arbeit mit getrennten Eltern ist bisweilen herausfordernd, mühsam und kleinschrittig, aber sie bietet uns als Beraterinnen und Beratern auch viele Gelegenheiten, unsere Beziehungs- und Beratungskompetenzen zu erweitern. Der größte Motor für Weiterentwicklung ist vielleicht die Reflexion von schwierigen oder ungünstigen Beratungsverlaufen. Wenn wir es schaffen, Fallen aufzuspüren, in die wir im Kontakt mit getrennten Eltern geraten sind, hilft uns das dabei, das Beziehungsangebot so zu gestalten, dass wir uns bei aller Einfühlung nicht in den Konflikten der Eltern verlieren, sondern klar bleiben können.

Ganz allgemein können wir in unserer Beziehungshaltung einerseits zu distanziert sein, sei es aus der Sorge davor, „von den schwierigen Eltern überrollt zu werden“ oder weil wir mit den Kindern mitfühlen und den Eltern mit entsprechend großem Misstrauen oder sogar Abneigung begegnen. Anderseits können wir „zu nah dran“ sein, mit reingezogen werden in die Konfliktdynamik und einer Seite innerlich mehr zustimmen als der anderen, dadurch die unbedingte Wertschätzung gegenüber beiden Personen verlieren und uns plötzlich in einer unklaren Rolle wiederfinden.

Wie schon beschrieben, geht es nicht darum, diese Phänomene zu vermeiden, sondern sie möglichst schnell wahrzunehmen, um mit ihnen umgehen zu können. Deshalb seien hier beispielhaft einige „Beziehungsfallen“ genannt, in die wir in der Trennungsberatung geraten können:

Die Schiedsrichterfalle

Selbst wenn zu Beginn der Beratung das Beratungsangebot deutlich z. B. als eine Unterstützung für den Prozess der Verständigung oder der Klärung der Elternrolle und des Ausmaßes der

Kooperation charakterisiert wird, bleiben manche Eltern beharrlich bei der Suche nach der Wahrheit, also nach dem, was „objektiv richtig" oder „falsch" in ihrer Situation ist oder wie in einem Konflikt möglichst „gerecht" entschieden werden kann. Das an sich ist für die Beratung auch noch nicht problematisch. Schließlich ist es unser Anspruch, den Elternteilen dort zu begegnen, wo sie gerade sind, jedoch kann uns als Beraterinnen und Berater eine entsprechende explizite oder unterschwellige Anfrage dazu verführen, hier Stellung zu beziehen, sei es, weil...

- wir uns in unserer kinderpsychologischen Expertise angesprochen fühlen: In dem Bedürfnis, die Situation für die Kinder zu verbessern, geben wir durch unsere Stellungnahme ungewollt einem Elternteil recht und „verlieren" dabei die andere Seite, wenn wir ihr gegenüber auf der Beziehungsebene nicht wahrnehmbar wertschätzend bleiben können.
- wir in unserem eigenen Streben nach Gerechtigkeit eine Situation zwischen den Eltern nicht gut aushalten, die sich *für uns* ungerecht anfühlt.
- sich die elterlichen Signale der Hilflosigkeit auf uns übertragen und wir ihnen nicht mehr zutrauen, einen eigenen guten Weg zu finden, stattdessen die Führung übernehmen.
- wir die Beziehung zu den Eltern vermeiden und eine schnelle Lösung *für sie* anstreben, statt uns auf ihre inneren Erfahrungswelten einzulassen und sie aus dieser Einfühlung heraus zu begleiten.
- wir die eigene, auf die Unterstützung des Kommunikationsprozesses beschränkte Rolle selbst nicht gut aushalten, stattdessen der Versuchung erliegen, „machtvoll" zu intervenieren (mit Konsequenzen drohen usw.) und Eltern(-teile) zu „Objekten" unserer eigenen Intervention zu degradieren.

Die Anwaltfalle

Manchmal erscheint uns die Darstellung einer Seite deutlich schlüssiger, „richtiger" als die des anderen Elternteiles, vielleicht empfinden wir Sympathie oder Mitleid. Wir haben also eine Resonanz, die – wenn wir sie nicht rechtzeitig wahrnehmen, reflektieren und distanzieren – unsere weitere Haltung, aber auch unser Handeln mitbestimmt. In der Identifikation mit einem Elternteil neigen wir dazu, dessen kausaler Interpunktion (z. B.: „Der machtvolle Andere agiert, ich reagiere") und mentaler Repräsentation von Erfahrung (z. B. Übergeneralisierung der als negativ erlebten Situationen) zu folgen. Verführbar sind wir als Beraterinnen und Berater häufig dann, wenn von diesem Elternteil das Leid der Kinder in schillernden Farben als Begründung für die eigene Position geschildert wird.

Wenn wir uns verleiten lassen, in unserem Beratungshandeln zu Anwälten der Realitätskonstruktion einer Seite zu werden, verlieren wir die Möglichkeit, beiden Eltern gleichermaßen wertschätzend zu begegnen. Die Haltung der Multiperspektivität gelingt, wenn wir uns einfühlsam auf die Wahrnehmung und Erlebenswelt beider Elternteile einlassen können, genauso wie wir (direkt oder indirekt) mit der kindlichen Wahrnehmung der Situation mitschwingen. Die Konfrontation der Eltern mit problematischen Wirkungen ihres Verhaltens auf die betroffenen Kinder kann…

- nur aus unserer unabhängigen fachlichen Expertise heraus geschehen
- im gemeinsamen Elterngespräch nur die Folgen der Konfliktdynamik *zwischen* den Eltern betreffen
- im Einzelgespräch dagegen auch das jeweilige individuelle Elternverhalten in den Blick nehmen
- und muss in jedem Falle wertschätzend gegenüber den Eltern(-teilen) bleiben, um diese nicht in Bezug auf die weitere Beratung „zu verlieren".

Wichtig für die Haltung der Multiperspektivität ist es, die jeweilige, über die Einfühlung eingenommene Perspektive immer wieder loslassen zu können, um offen zu bleiben für alle verschiedenen Erfahrungswelten. Dabei hilft einerseits das Co-Setting mit der Möglichkeit, sich zwischen den Sitzungen auszutauschen und die eigene Haltung zu reflektieren. Allein über die

Rückmeldung, dass die Resonanz bei der Kollegin oder dem Kollegen möglicherweise ganz anders ausfällt, kann die persönliche Identifikation deutlich werden.

Auch die gemeinsame Nachbetrachtung mit Hilfe der Beurteilungsbögen aus der Elternfunktionalitätsdiagnostik kann die Idee einer einseitigen Verursachung der Probleme relativieren. Zum einen, weil die Items zur reflektierenden Außenbetrachtung einladen und damit helfen, die unmittelbare eigene Resonanz zu distanzieren, zum anderen weil schon die Art, wie die Items formuliert sind, das jeweilige Problem als einen *gemeinsamen* Elternaspekt herausstellt, also an die zirkuläre Rückkopplungsdynamik erinnert.

Die Hilflosigkeitsfalle

Wie wir gesehen haben, brauchen Eltern in der Trennungsberatung die Erfahrung, von uns auch in ihren verletzten Seiten gesehen zu werden, zumindest, wenn die Kränkungs- und Konflikterfahrungen Kommunikationsprozesse auf der Elternebene aktuell behindern. Gerade die Einzelgespräche können für die Elternteile ein guter Ort sein, um Emotionen zu versprachlichen. Entscheidend ist jedoch, dass die Elternteile hierbei auf sich selbst schauen können und nicht immer wieder abgleiten in tiefes Bedauern über „die vielen Konflikte" oder in Klagen über den „bösen Anderen".

Manchmal ist dieser Grad recht schmal und kann uns als Beraterin oder Berater verführen, mit ins Museum der Konflikte oder ins „Horrorkabinett der Schlechtigkeiten" zu gehen, möglicherweise in der Hoffnung, unser Gegenüber würde darüber leichter zu den eigenen Verletzungen gelangen.

Anders als eine einfühlsame Begleitung aktualisierter verletzter Gefühle, die über eine lösende Traurigkeit oder Wut besser akzeptiert Eingang ins Selbstkonzept finden können, aktualisiert die Fokussierung auf die vielen kommunikativen Misserfolge aus der Vergangenheit stattdessen eher das Erleben von tiefer Verstrickung und Hilflosigkeit.

Wenn sich dann in gemeinsamen Gesprächen beide Elternteile mit ausgeprägter Misserfolgserwartung in Konflikte verwickeln, die sie nicht befriedigend lösen können, ist die Gefahr recht groß, dass wir beginnen, uns selbst hilflos zu fühlen: Die Eltern scheinen unsere Bearbeitungsangebote nicht anzunehmen und statt in einer klaren Haltung zu bleiben, folgen wir ihnen in die destruktiven Konflikte, die sich schneller entzünden, als wir sie begleiten könnten.

Wir dürfen als Beraterinnen und Berater Konflikte unterbrechen, wenn sich keine Entwicklung abzeichnet und in diesem Moment aktiv intervenieren, etwa in Richtung einer Verlangsamung, Beruhigung oder Distanzierung. Sobald sich die Situation abgekühlt hat, ist es Eltern viel eher möglich, gemeinsam oder jeder für sich auf das zu schauen, was zum Streit geführt hat.

Allgemein können diese Beziehungsfallen, in denen wir unsere Beziehungshaltung verlieren, trotzdem wertvoll sein für die weitere Beratung – wenn wir offen bleiben für unser eigenes, auch vages Inkongruenzerleben und es nach den Sitzungen im Co-Team und in Supervision explorieren können. Insofern bietet Trennungsberatung einen reichen Schatz an Möglichkeiten der Weiterentwicklung unserer Beziehungshaltung.

Schlussfolgerungen und Ausblick

Wie ist es mit Familie W. weitergegangen? Mareike und Paul brauchten Zeit und mehrere Anläufe, bis sie ein neues gemeinsames Elternkonzept entwickeln konnten. Für beide Elternteile war wichtig, dass sie die in der Paar- und Trennungszeit entstandenen Verletzungen als einen Teil ihrer Beziehungsgeschichte akzeptieren und als solche in ihr Selbstkonzept integrieren konnten. Für Mareike war dies die Verletzung über die empfundene Zurückweisung ihrer Nähebedürfnisse in der Beziehung und des Hasses bzw. Misstrauens, dem sie sich nach der Trennung ausgeliefert sah. Für Paul war dies vor allen die Kränkung aus der Erfahrung, hintergangen und verlassen worden zu sein. In den Einzelgesprächen konnten sie sich den eigenen Gefühlen vermehrt zuwenden; außerhalb der Trennungsberatung nahmen sie zusätzlich eine Weile Lebensberatung bzw. Psychotherapie in Anspruch.

Als Paul mehr Abstand zu den eigenen verletzten Gefühlen bekam und schließlich auch eine neue Partnerschaft einging, entspannte sich das Verhältnis der Eltern zueinander deutlich. Sowohl konkrete Absprachen in Bezug auf Erziehungsfragen (z. B. Mediennutzung, Aufteilung der Arztbesuche etc.) gelangen besser, aber vor allem konnten die Eltern auf ihre gesamte Zeit der Beziehung und Elternschaft schauen und auch würdigen, dass sie trotz der Konflikte vieles mit den Kindern gut hinbekommen hatten.

Die finanzielle Trennung versuchten die Eltern mit Unterstützung einer Bankkauffrau aus dem gemeinsamen Bekanntenkreis einvernehmlich zu vollziehen, was allerdings in der ersten Phase bei Paul zu einer Aktualisierung verletzter Gefühle führte und ihn bei der Aufteilung des Wohneigentums entsprechend hart verhandeln ließ. Obwohl wir als Beratungsteam die Begleitung der eigentlichen finanziellen Verhandlung ablehnten, waren die in dieser Zeit entstehenden emotionalen Konflikte natürlich auch in der Trennungsberatung allgegenwärtig. Schließlich verzichtete Mareike auf einen Teil ihrer ursprünglichen finanziellen Forderungen, was es Paul ermöglichte, das Einfamilienhaus zu übernehmen, während Mareike mit Hilfe einer Schenkung ihrer Eltern eine Doppelhaushälfte ganz in der Nähe erwarb. In der Folge einigten sich die Eltern auf ein ungefähr hälftiges Betreuungsmodell mit Betreuungswechsel Mitte der Woche. Mal hatten so die drei Kinder von Mittwochnachmittag bis Montagmorgen eine längere Zeit bei Mareike; wenn sie dagegen die Wochenenden mit ihrem Vater verbrachten, wechselten sie bereits Freitagabend zu Paul und gingen am kommenden Mittwoch nach der Schule erst wieder zu Mareike. Es stellte sich heraus, dass diese Regelung für Nick und Simon gut funktionierte; Annika, mittlerweile 14 Jahre alt, wünschte sich mehr Flexibilität, was darauf hinauslief, dass sie meist bei Paul in ihrem ursprünglichen Zimmer übernachtete, während sie tagsüber mehr Zeit bei Mareike verbrachte, besonders wenn die jüngeren Brüder beim Vater waren.

Dafür, dass die Eltern W. letztlich trotz zwischenzeitlich hoher Konflikthaftigkeit zu einer guten elterlichen Kommunikation und gegenseitigem Vertrauen zurückfanden, waren vor allem folgende Faktoren (die sich gegenseitig bedingten und verstärkten) verantwortlich:

- Beide Elternteile konnten sich auf das personzentrierte Beziehungsangebot einlassen, sie begannen sich trotz der Anwesenheit des anderen Elternteiles sicher zu fühlen und entwickelten Vertrauen in die Beratung als einen verlässlichen Ort, an dem strittige Themen auf eine gute Weise angesprochen werden können. Auch wenn sie sich zunächst gegenseitig nicht wertschätzen und vertrauen konnten, spürten sie die persönliche Wertschätzung seitens der Beraterin bzw. des Beraters und deren Vertrauen in die Möglichkeit eigener und gemeinsamer Entwicklungsprozesse.
- Beide konnten sich vor allem in Einzelkontakten mit den jeweils eigenen Verletzungen beschäftigen, die dabei auftretenden sekundären (z. B. Schuld, Verletzung, Hilflosigkeit, Ärger, Niedergeschlagenheit) und primären (in erster Linie Wut, Traurigkeit) Gefühle wahrnehmen, versprachlichen und bis zu einem gewissen Grade auch annehmen als Teil ihrer eigenen biografischen Erfahrungen. Dadurch verloren die Gefühle einiges von ihrer drängenden Unmittelbarkeit

und konnten im Kontakt zum anderen Elternteil besser reguliert und eingeordnet werden.

- Ein wichtiger Aspekt war, dass die Eltern aus einer „Balance des Schreckens" („Du hast mich betrogen und die Familie zerstört" gegenüber „Du hältst die Kinder zurück und wiegelst sie gegen mich auf") in eine angenehmere Ausgewogenheit gelangen konnten („Wir beide haben neue Partner, einen schönen Platz zum Wohnen und kommen finanziell klar"). Wenn Eltern keine Wege finden, die sich für beide Seiten einigermaßen gerecht anfühlen, wird meist die Idee einer kooperativen Elternschaft langfristig zu einer unrealistischen Belastung (außer sie können sich zugunsten einer konsequenten Fokussierung auf die Bedürfnisse ihrer Kinder von ihren Gerechtigkeitsansprüchen lösen).

Der personzentrierte Ansatz in der Trennungsberatung in seiner genauso klaren wie wertschätzenden Begegnungshaltung ermöglicht Eltern, starre Erlebens- und Reaktionsmuster aufzuweichen, dämonisierende und feindselige Einstellungen zugunsten freundlicherer, in Bezug auf die Nachtrennungselternschaft funktionalerer Erlebens- und Verhaltensweisen aufzugeben. Selbstverständlich können sich längst nicht alle Eltern für neue Erfahrungen in der Elternbeziehung in dem Maße öffnen, wie dies den Eltern W. gelang und nicht alle bringen eine gute Selbstwahrnehmungs- und Verbalisierungsfähigkeit mit. Dennoch wirkt der sichere, vorwurfsfreie Beziehungsraum auch auf Eltern mit unscharfer Selbstwahrnehmung und rigiden Konzeptanteilen beruhigend und ermöglicht eine optimale Gesprächsatmosphäre. Der Weg zu mehr Klärung und vielleicht auch Vertrauen zwischen den Eltern führt dann nicht so sehr über explizite Kommunikation der Interessen, Bedürfnisse und konfliktbezogenen Gefühle, vor allem aber über viele kleine Absprachen, die bestenfalls im Alltag von beiden Seiten zuverlässig umgesetzt werden und dadurch neue hilfreiche Strukturen und Regeln zwischen den Elternteilen etablieren.

Wenn wir als Beraterinnen und Berater die konstruktivistisch-multiperspektivische Haltung einbetten in ein personzentriertes Beziehungsangebot, kommen wir auch mit sehr verletzten, misstrauischen Eltern in einen förderlichen Prozess – sofern die kongruent-klare, wertschätzende Atmosphäre von diesen wahrgenommen werden kann. Nichtsdestotrotz gibt es Elternteile, die so sehr im Konflikt mit der anderen Seite gefangen sind, dass sie aktuell weder das personzentrierte Gesprächsangebot als hilfreich wahrnehmen können, noch zu gemeinsamen Absprachen auf der Elternebene bereit oder in der Lage sind.

Anhand der Elternfunktionalitätseinschätzung können wir hier schnell eine diagnostische Orientierung darüber erhalten, ob Beratung zum gegenwärtigen Zeitpunkt ein passendes Angebot ist und wenn ja, welches Setting und welchen Grad an Strukturierung die Eltern benötigen, um mindestens zu basalen Vereinbarungen über die zukünftige Elternschaft kommen zu können.

Durch die Bögen zur Selbsteinschätzung, der Fremdeinschätzung „Anderer Elternteil“ sowie der vermuteten Fremdeinschätzung „Kind“ können die Elternfunktionalitätsdimensionen darüber hinaus auch den Beratungsprozess selbst unterstützen, etwa, wenn Eltern ihre unterschiedlichen Wahrnehmungen in Bezug auf funktionierende und weniger funktionierende Aspekte differenzierter miteinander besprechen wollen. Manchmal gelingt es über die Einladung zum Perspektivwechsel mittels der Einschätzungsbögen, dass Elternteile beginnen, auch über die eigenen Anteile am Zustandekommen von Konfliktsituationen im Alltag zu reflektieren. Vielleicht bekommen sie auch ein klareres Bild davon, was schon gut auf der Elternebene klappt und können so zumindest für den Moment übergeneralisierende negative Haltungen distanzieren.

Unseres Erachtens ist das Einsatzspektrum der Elternfunktionalitätsdiagnostik insgesamt nicht nur auf Diagnostik und Intervention im Trennungsberatungsprozess beschränkt, sondern sie ist genauso sinnvoll anwendbar im Vorfeld einer familiengerichtlichen Anhörung durch die Kolleginnen und Kollegen des Jugendamtes in der Mitwirkung gemäß §50 SGB VIII, durch Verfahrensbeistände oder dem Familiengericht selbst.

In der familiengerichtlichen Anhörung kann eine Orientierung über die aktuellen Möglichkeiten und Grenzen des „Hinwirkens auf Einvernehmlichkeit" (FamFG §156) mittels der Elternfunktionalitätsdiagnostik hilfreich sein, um angesichts strittiger Eltern zu möglichst passgenauen Beschlüssen oder Anordnungen kommen zu können. Ist den Eltern selbst die konkrete Ausgestaltung von grob festgelegten Betreuungszeiten unter Begleitung der Beratungsstelle oder in der Mediation möglich, oder brauchen sie einen familiengerichtlichen Beschluss? Sind sie so sehr im Kampf gegeneinander, dass Beratung momentan unrealistisch ist und sie eine familiengerichtliche „Setzung" in bestimmten Bereichen ihrer Elternschaft benötigen, um etwas mehr zur Ruhe kommen zu können? Oder gibt es die realistische Chance, dass Eltern(-teile) unter außergerichtlicher Begleitung ihre Entscheidungsverantwortung, die sie an das Familiengericht delegiert haben, wieder zu sich zurücknehmen können?

Angesichts der engen Verschränkung psychologischer, sozialer und rechtlicher Aspekte, die (strittige) Trennungen mit sich bringen, war das Inkrafttreten des FamFG ein wichtiger Schritt in die richtige Richtung, da insbesondere die Verweisung auf Beratung und Mediation als Mittel außergerichtlicher Intervention differenzierter als zuvor praktiziert werden konnte, auch wenn dies von den beteiligten Professionen einiges an Neuorientierung abverlangte (vgl. Menne, 2010, S. 12ff.).

Dennoch ist das Familiengericht weiterhin als Institution stark gefordert: Auf der Makroebene als Seismograph und Kompass gesamtgesellschaftlicher Wahrnehmungen mit richtungsweisender Entscheidungspraxis etwa zum Kindesunterhalt oder Betreuungsmodellen. Und im Einzelfall strukturell als Zentrum vieler elterlicher Trennungsprozesse, da es zu jeder Zeit und in jeder Phase eines außergerichtlichen Klärungsversuches immer wieder angerufen werden kann und eine im FamFG konkretisierte Lotsenfunktion (vgl. §§156-163) für die Einleitung nachfolgender Schritte übernimmt.

Die Inanspruchnahme des Familiengerichtes ist für Eltern nicht nur aufgrund der niedrigen Zugangsschwellen (z. B. unkomplizierte Möglichkeiten der Inanspruchnahme von Familienanwälten, Prozesskostenhilfe, Unterstützung durch Verfahrensbeistände) attraktiv, sondern auch weil es (vermeintlich) einen schnellen Ausweg aus dem Hilflosigkeitserleben in der Trennungsdynamik verspricht. Aus der Erfahrung, sich nicht erfolgreich absprechen oder einigen zu können, entsteht die Sehnsucht nach rechtlicher Bestätigung der eigenen Haltung durch „den mächtigen Dritten“.

Auch wenn Richterinnen und Richter durch ihre veränderte Rolle diese Hoffnung heute weitgehend enttäuschen, wird für viele Eltern im Erleben der Absprachehilflosigkeit der Gang vor das Familiengericht immer noch als der zentrale Ausweg und als probates Druckmittel gegenüber der anderen Seite betrachtet.

Angesichts der hieraus resultierenden Überlastungen vieler Familiengerichte könnte eine strukturelle Neuorganisation (vgl. Sünderhauf-Kravets, 2017; Främbs, Ritzenhoff & Weber, 2020, S. 178f.) hier einen Ausweg bieten. Gerichte würden aus dem Zentrum heraus an den Abschluss einer Kette von vorher klar strukturierten außergerichtlichen Klärungsabläufen wandern, Beratungsstellen vom Ende an den Anfang geholt. Ihnen würde die Rolle zufallen als Teil eines „Familienkompetenzzentrums“ mit Steuerungsverantwortung, diverse Akteure vormals verschiedener Institutionen innerhalb einer Einrichtung fein aufeinander zu beziehen.

Dies könnte nach dem Vorbild der Family Relationship Center (FRC) in Australien geschehen. Nach einem klaren Ablaufprogramm und auf der Grundlage von versierten diagnostischen Einschätzungen werden die individuellen Bedarfe der jeweiligen Familien erhoben und über eine vielfältige Palette außergerichtlicher Lösungsmöglichkeiten befriedigt. Die obligatorische und kostenfreie Mediation wird dabei von vorgelagerten und parallelen Angeboten gesäumt, z. B. Beratung sowie psychoedukative Gruppenangebote (z. B. Kinder im Blick).

Das Entscheidende an diesem Konzept ist, dass das Gericht in der Regel erst dann in Erscheinung tritt, wenn die Eltern vorher im FRC elementare außergerichtliche Schritte gegangen sind. Das Gerichtsverfahren bleibt optional. Es wird vor einer zu frühen Anrufung geschützt, weil die Eltern zuvor die Ablaufstandards im FRC durchlaufen haben.

Die Verantwortung der Eltern, sich zu einigen und Elternschaft gemeinsam zu gestalten, wird in diesem Modell noch deutlicher hervorgehoben und erfährt eine Setzung als gesellschaftliche Normalität und persönliche Verpflichtung. Es bleibt abzuwarten, ob Perspektivwechsel dieser Art mittelfristig auch in Deutschland konsensfähig sind.

Literatur

Aichinger, A. (2006): Die Sehnsucht des kleinen Bären. Ein psychodramatischer Interventionsansatz mit Tierfiguren bei Kindern im Scheidungskonflikt. *Informationen für Erziehungsberatungsstellen, 1/2006*, 16-25.

Alberstötter, U. (2005): Kooperation als Haltung und Strategie bei hochstrittigen Eltern-Konflikten. In: *Kindschaftsrechtliche Praxis 3/2005*, 83-93.

Alberstötter, U. (2006a): Wenn Eltern Krieg gegeneinander führen. In: Weber, M.; Schilling, H. (Hrsg.): *Eskalierte Elternkonflikte.* Weinheim, Basel: Beltz Juventa, 2012, 31-36.

Alberstötter, U. (2006b): Kooperation als Haltung und Strategie bei hoch strittigen Elternkonflikten. In: Weber, M.; Schilling, H. (Hrsg.): *Eskalierte Elternkonflikte.* Weinheim, Basel: Beltz Juventa, 2012, 177-198.

Alberstötter, U. (2013a): Gewaltige Beziehungen. Verfügungsgewalt in eskalierten Elternkonflikten. In: M. Weber, U. Alberstötter & H. Schilling (Hrsg.): *Beratung von Hochkonflikt-Familien.* Weinheim, Basel: Beltz Juventa, 117-145.

Alberstötter, U. (2013b): „Horch, was kommt von draußen rein…" Der gesellschaftliche Kontext von Hochstrittigkeit. In: Weber, M.; Schilling, H. (Hrsg.): *Beratung von Hochkonflikt-Familien.* Weinheim, Basel: Beltz Juventa, 19-40.

Alfes, C. (2020): Teilearbeit mit Tierfiguren. In: *Fundiert beraten. Diagnostik in der Erziehungsberatung.* Fürth: bke, 182-189.

Arbeitskreis OPD (Hrsg.) (2006): *Operationalisierte Psychodynamische Diagnostik OPD-2.* Bern: Huber.

Auckenthaler, A. (1983): *Klientenzentrierte Psychotherapie mit Paaren.* Stuttgart: Kohlhammer.

Bauer, J. (2015): *Selbststeuerung. Die Wiederentdeckung des freien Willens.* München: Heyne.

Behrend, K. (2009): *Kindliche Kontaktverweigerung nach Trennung der Eltern aus psychologischer Sicht: Entwurf einer Typologie.* Bielefeld: Dissertation Universität Bielefeld.

Berg, I. K. (1992): *Familien-Zusammenhalt(en). Ein kurz-therapeutisches und lösungs-orientiertes Arbeitsbuch.* Dortmund: Modernes Lernen.

Biermann-Ratjen, E.-M. (2006): Krankheitslehre der Gesprächspsychotherapie. In: Eckert, J.; Biermann-Ratjen, E.-M.; Höger, D. (Hrsg.): *Gesprächspsychotherapie. Lehrbuch für die Praxis.* Heidelberg: Springer, 93-116.

Borelli, J. (2019): Bindungen entflechten: Entwicklungswege nach der Scheidung. In: Brisch, K. H. (Hrsg.): *Bindung – Scheidung – Neubeginn.* Stuttgart: Klett-Cotta., S. 95-110.

Bowlby, J. (1983): *Verlust. Trauer und Depression.* München: Reinhardt, 2006.

Buber, M. (1986): *Das dialogische Prinzip.* Gütersloh: Gütersloher Verlagshaus, 2006.

Bundesgesetzblatt (2008): *Teil 1 Nr. 61, Artikel 1: FamFG.* Bonn: 2008, 2587.

Damasio, A. R. (1994): *Descartes' Irrtum*. München: List, 2004.

De Jong, P.; Berg, I. K. (1998): *Lösungen (er-)finden. Das Werkstattbuch der lösungsorientierten Kurztherapie*. Dortmund: Modernes Lernen.

Dettenborn, H. (2008): Die Regelung elterlicher Sorge nach Trennung und Scheidung. In: Volbert, R.; Steller, M. (Hrsg.): *Handbuch der Rechtspsychologie*. Göttingen: Hogrefe, 521-530.

Dietrich, P. S.; Paul, S. (2012): Interventionsansätze bei hoch eskalierten Trennungskonflikten. In: Weber, M.; Schilling, H. (Hrsg.): *Eskalierte Elternkonflikte*. Weinheim, Basel: Beltz Juventa, 73-92.

Dietrich, P. S.; Fichtner, J.; Halatcheva, M.; Sandner, E. (2010): *Arbeit mit hochkonflikthaften Trennungs- und Scheidungsfamilien: Eine Handreichung für die Praxis*. Fürth: Bke; München: DJI; Potsdam: IFK, 8-17.

Eberwein, W. (2009): *Humanistische Psychotherapie*. Quellen, Theorien und Techniken. Stuttgart, New York: Thieme.

Fichtner, J.; Dietrich, P.; Halatcheva, M.; Hermann, E.; Sandner, E. (2010): *Wissenschaftlicher Abschlussbericht aus dem Verbundprojekt „Kinderschutz bei hochstrittiger Elternschaft"*. München: DJI.

Finke, J. (1994): *Empathie und Interaktion. Methodik und Praxis der Gesprächspsychotherapie*. Stuttgart: Thieme.

Främbs, J.; Ritzenhoff, A.; Weber, A. (2020): Diagnostik der Elternfunktionalität in der gerichtsverwiesenen Trennungs- und Scheidungsberatung. In: *Fundiert beraten. Diagnostik in der Erziehungsberatung*. Fürth: bke, 151-180.

Fthenakis, W. E.; u.a. (1995): Grupppeninterventionsprogramm für Kinder mit getrennt ebenden oder geschiedenen Eltern. In: *TSK – Trennungs- und Scheidungskinder*, Hrsg.: LBS Initiative Junge Familie. Weinheim, Basel: Beltz.

Fthenakis, W. E.; Walbiner, W. (2008a): Die gesellschaftliche Bedeutung von Scheidung. In: Helmut Mader-Stiftung; W. E. Fthenakis et al.: *Die Familie nach der Familie. Wissen und Hilfen bei Elterntrennung und neuen Beziehungen*. Beck, München, 1-12.

Fthenakis, W. E.; Walbiner, W. (2008b): Konsequenzen von Trennung und Scheidung für die Familienmitglieder. In: Helmut Mader-Stiftung; W. E. Fthenakis et al.: *Die Familie nach der Familie. Wissen und Hilfen bei Elterntrennung und neuen Beziehungen*. München: Beck, 43-83.

Gaylin, N. L. (2002): Der Personzentrierte Ansatz in der Familientherapie. In: Keil, W. W.; Stumm, G. (Hrsg.): *Die vielen Gesichter der Personzentrierten Psychotherapie*. Wien: Springer, 319-333.

Gloger-Tippelt, G. (Hrsg.) (2001): *Bindung im Erwachsenenalter*. Bern: Huber, 2012.

Götting, G. (2013): Rosenkriegskind, Scheidungsopfer, Resilienzwunder…? In: Weber, M.; Alberstötter, U.; Schilling, H. (Hrsg.): *Beratung von Hochkonflikt-Familien*. Weinheim, Basel: Beltz Juventa, 273-290.

Götting, G. (2020): Den Überblick behalten und die Kinder schützen. Ansätze einer Diagnostik in getrennten Familien. In: *Fundiert beraten. Diagnostik in der Erziehungsberatung*. Fürth: bke, 119-150.

Gordon, T. (1972): *Familienkonferenz. Die Lösung von Konfliktenzwischen Eltern und Kind*. München: Heyne.

Haken, H. (1991): *Erfolgsgeheimnisse der Natur. Synergetik: Die Lehre vom Zusammenwirken.* Berlin: Ullstein.

Hetherington, E. M.; Kelly, J. (2003): *Scheidung. Die Perspektive der Kinder.* Weinheim: Beltz.

Hollick, U.; Lieb, M.; Renger, A.; Ziebertz, T. (Hrsg.) (2018): *Personzentrierte Familientherapie und -beratung.* München: Reinhardt.

Keil, W. (o.J.): *Hermeneutische Empathie. Über die eigene Resonanz zum wertschätzenden Verstehen kommen.* www.docplayer.org/39850062-Wolfgang-w-keil-hermeneutische-empathie.html

König, W.; Weigand, W.; Bremehr-Ordon, C.; König, T. (2002): Chancen und Grenzen fachlicher Kooperation aus Sicht einer Beratungsstelle. In: Bergmann, E. Jopt, U.; Rexilius, G. (Hrsg.): *Lösungsorientierte Arbeit im Familienrecht. Intervention bei Trennung und Scheidung.* Köln: Bundesanzeiger, 119-130.

Kriz, J. (2004): Personzentrierte Systemtheorie – Grundfragen und Kernaspekte. In: v. Schlippe, A.; Kriz, W. C. (Hrsg.): *Personzentrierung und Systemtheorie. Perspektiven für psychotherapeutisches Handeln.* Göttingen: Vandenhoeck & Ruprecht, 13-67.

Kriz, J. (2011): Psychotherapie aus humanistisch-systemischer Sicht. Zur Integration psychotherapeutischer Beschreibungsebenen: Das Zusammenwirken körperlicher, psychischer, interpersonaler und kultureller Prozesse. In: Arbeitsgemeinschaft Ausbildungsinstitute und VPP (Hrsg.): *Neue Wege in der Psychotherapie. Beiträge zur Verfahrensvielfalt und Beziehungsorientierung.* Berlin: Deutscher Psychologen Verlag, 23-46.

Kriz, J. (2013): Die Personzentrierte Systemtheorie in der Beratung. In: Gahleitner, S. B.; Maurer, I.; Ploil, E. O.; Straumann, U. (Hrsg.): *Personzentriert beraten: alles Rogers? Theoretische und praktische Weiterentwicklungen.* Weinheim, Basel: Beltz Juventa, 99-130.

Linster, H. (2000): Klientenzentrierte Paartherapie. In: Kaiser, P. (Hrsg.): *Partnerschaft und Paartherapie.* Göttingen: Hogrefe, 270-291.

Lux, M. (2007): *Der Personzentrierte Ansatz und die Neurowissenschaften.* München: Reinhardt.

Lux, M. (2014): Neurowissenschaftliche Grundlagen Personzentrierter Psychotherapie. In: *Person,* Vol. 18, 2. Wien: Facultas, 1-11.

Lux, U. (2019): Die Bedeutung von Beziehungs- und Trennungserfahrungen mit früheren Partnern für nachfolgende Bindungsbeziehungen. In: Brisch, K. H. (Hrsg.): *Bindung – Scheidung – Neubeginn.* Stuttgart: Klett-Cotta., 217-239.

Maslow, A. H. (1981): *Motivation und Persönlichkeit.* Hamburg: Rowohlt.

Menne, K. (2010): *Das Kind im Mittelpunkt. Das FamFG in der Praxis.* Fürth: Bke.

Menne, K.; Weber, M. (Hrsg.) (2011): *Professionelle Kooperation zum Wohle des Kindes. Hinwirken auf elterliches Einvernehmen im familiengerichtlichen Verfahren (FamFG).* Weinheim, München: Juventa.

O'Leary, C. L. (2012): *The Practice of Person-centred Couple and Family Therapy.* London: Palgrave MacMillan.

O'Leary, C. L. (2014): Paar- und Familientherapie. In: Stumm, G. & Keil, W. W. (Hrsg.): *Praxis der Personzentrierten Psychotherapie.* Wien: Springer, 201-212.

Omer, H.; Alon, N.; v. Schlippe, A. (2007): *Feindbilder – Psychologie der Dämonisierung.* Göttingen: Vandenhoeck & Ruprecht, 2016, 48-85.

Panagiotopoulos, P. (1993): Inkongruenz und Abwehr. Der Beitrag ROGERS zu einer klientenzentrierten Krankheitslehre. In: *Die Entwicklung der Person und ihre Störung, Bd. 1. Köln:* GwG-Verlag, 43-55.

Paul, S.; Dietrich, P. S. (2006): *Expertise A: Genese, Formen und Folgen „Hochstrittiger Elternschaft" – Nationaler und internationaler Forschungsstand.* München: DJI.

Ritzenhoff, A. (2018): Personzentrierte Perspektiven in der Trennungs- und Scheidungsberatung. In: *Gesprächspsychotherapie und Personzentrierte Beratung, 3/18*, 149-152.

Ritzenhoff, A. (2019): Personzentrierte Trennungs- und Scheidungsberatung: Theorie und Intervention. In: *Gesprächspsychotherapie und Personzentrierte Beratung, 1/19*, 8-14.

Rogers, C. R. (1957): The necessary and sufficient conditions of therapeutic personality change. *Journal of consulting Psychology, 21*, 95-103.

Rogers, C. R. (1959): *Eine Theorie der Psychotherapie, der Persönlichkeit und der zwischenmenschlichen Beziehungen. Entwickelt im Rahmen des klientenzentrierten Ansatzes.* Köln: GwG, dt. 1987.

Satir, V. (1994): *Kommunikation, Selbstwert, Kongruenz.* Paderborn: Junfermann.

Schaan, V.; Schulz, A.; Vögele, C. (2019): Was Hänschen erlebt – erlebt Hans immer wieder. Auswirkungen elterlicher Scheidung auf die psychische Gesundheit. In: Brisch, K. H. (Hrsg.): *Bindung – Scheidung – Neubeginn.* Stuttgart: Klett-Cotta, 34-48.

Schneider, J. (2006): Interaktionstheoretische Grundlagen von Coaching und Supervision. In: Straumann, U.; Zimmermann-Lotz, C. (Hrsg.), *Personzentriertes Coaching und Supervision – ein interdisziplinärer Balanceakt.* Kröning: Asanger Verlag, 60-68.

Schreiner, J. (2014): Therapeutische Shuttle-Beratung. Dossier: Elterliche Trennung. *Psychoscope, 1-2/2014,* 8-11.

Schüler, A.; Löhr, U. (2011): „Die Gruppe ist wie ein Versteck im Gebüsch". Gruppenarbeit mit Kindern aus (hochkonflikthaften) Trennungs- und Scheidungsfamilien. In: S. Walper, S.; Fichtner, J.; Normann, K. (Hrsg.): *Hochkonflikthafte Trennungsfamilien. Forschungsergebnisse, Praxiserfahrungen und Hilfen für Scheidungseltern und ihre Kinder.* Weinheim, München: Juventa, 143-156.

Sozialgesetzbuch (SGB) (1990): *Achtes Buch (VIII) – Kinder- und Jugendhilfe.* www.gesetze-im-internet.de/sgb_8/

Spangenberg, B.; Spangenberg, E. (2013): *Sprachbilder und Metaphern in der Mediation.* Frankfurt/Main: Wolfgang Metzner Verlag.

Speierer, G.-W. (1994): *Das Differentielle Inkongruenzmodell (DIM): Handbuch der Gesprächspsychotherapie als Inkongruenzbehandlung.* Heidelberg: Asanger.

Speierer, G.-W. (1995): Psychopathologie nach dem Differentiellen Inkongruenzmodell der klientenzentrierten Psychotherapie. In: *Die Entwicklung der Person und ihre Störung, Bd. 2.* Köln: GwG-Verlag, 117-138.

Straumann, U. (2013): Personzentrierte Beratung in komplexen Bezügen. In: Gahleitner, S. B.; Maurer, I.; Ploil, E.O; Straumann, U. (Hrsg.): *Personzentriert beraten: alles Rogers? Theoretische und praktische Weiterentwicklungen*. Weinheim, Basel: Beltz Juventa, 60-80.

Sünderhauf-Kravets, H. (2017): *Von der Pflicht sich zu einigen*. Veröffentlichter Vortrag (https://www.bmfsfj.de/blob/jump/117774/suenderhauf-kravets-data.pdf)

Temizyürek, K. (2014): Das Stufenmodell der Bindungsfürsorge. *ZKJ Kindschaftsrecht und Jugendhilfe, 6/2014*, 228-231.

Voigt, H.; Vogelei, C. (2011): Diskurs der Professionen. Professionsübergreifende Zusammenarbeit effizient gestalten. In: Menne, K.; Weber, M. (Hrsg.): *Professionelle Kooperation zum Wohle des Kindes. Hinwirken auf elterliches Einvernehmen im familiengerichtlichen Verfahren (FamFG)*. Weinheim, München: Juventa, 103-114.

Von Sydow, K. (2002): Bindung und gestörte Paarbeziehung. In: Strauß, B.; Buchheim, A.; Kächele, H. (Hrsg.): *Klinische Bindungsforschung: Theorien – Methoden – Ergebnisse*. Stuttgart: Schattauer, 231-241.

Wallerstein, J. S., Lewis, J. M.; Blakeslee, S. (2002): *Scheidungsfolgen – Die Kinder tragen die Last. Eine Langzeitstudie über 25 Jahre*. Münster: Votum.

Walper, S.; Schwarz, B. (Hrsg.) (1999): *Was wird aus den Kindern? Chancen und Risiken für die Entwicklung von Kindern aus Trennungs- und Stieffamilien*. Weinheim, München: Juventa.

Weber, A.; Ritzenhoff, A. (2018): Diagnostisches Schema der Elternfunktionalität in der gerichtsverwiesenen Beratung. *Informationen für Erziehungsberatungsstellen, 3/18*, 14-21.

Weber, M. (2010): Die Perspektive des Kindes. In: *Das Kind im Mittelpunkt. Das FamFG in der Praxis*. Fürth: bke, 54-66.

Weber, M. (2013): Das Wohl des Kindes bei hochstrittiger Elternschaft. Notwendige Differenzierungen. In: Weber, M.; Alberstötter, U.; Schilling, H. (Hrsg.): *Beratung von Hochkonflikt-Familien*. Weinheim, Basel: Beltz Juventa, 146-164.

Ziebertz, T. (2008): Hypothesen zu einer personzentrierten Theorie der Familie. In: *Gesprächspsychotherapie und Personzentrierte Beratung, 2/08*, 79-85.

Ziebertz, T. (2018): Das Familiäre Rückkopplungsmodell. In: Hollick, U.; Lieb, M.; Renger, A.; Ziebertz, T. (Hrsg.): *Personzentrierte Familientherapie und -beratung*. München: Reinhardt, 46-49.

Hinweise zu den Online-Materialien

Die Arbeitsmaterialien können Sie über unsere Internetseite (http://beltz.de) herunterladen und ausdrucken. Sie kommen zu den Materialien, indem Sie auf die Seite des Titels gehen, den Link zu den Materialien anklicken und dann folgendes Passwort eingeben: RihoFF22 (bitte Groß- und Kleinschreibung beachten).

Online angeboten werden:

- Fremdeinschätzungsbogen Elternfunktionalität: Kooperative oder parallele Elternschaft?
- Selbsteinschätzungsbogen Elternfunktionalität (S)
- Elternbogen Fremdeinschätzung (anderer Elternteil; A)
- Vermutete Fremdeinschätzung Elternfunktionalität (K)
- Tabelle Elternfunktionalität
- Leitfaden zur Benutzung des „Fremdeinschätzungsbogens Elternfunktionalität“
- Weitere Aspekte der Elternfunktionalität – diagnostische Leitfragen
- Elterninfo Wartezimmer vor Erstgespräch
- Rückmeldung Gerichtsverwiesene Beratung
- Fragebogen zur Lebenssituation Wartezimmer
- Elterninfo im familiengerichtlichen Verfahren
- Kindertermin, Ideen für die Durchführung
- Reflexionshilfe zum Gespräch mit den Kindern: vorher
- Reflexionshilfe zum Gespräch mit den Kindern: nachher